ASEANの新輸出大国ベトナム

トラン・ヴァン・トゥ／大木博巳
国際貿易投資研究所
編著

文眞堂

はしがき

　ベトナムはASEAN経済共同体（AEC）の負け組といわれていた時期があった。ASEAN域内の貿易自由化は，すそ野産業が集積していないベトナムに不利益をもたらし，産業集積が進んでいるタイの産業競争力は一層強化されて勝ち組となるというものである。そのベトナムが，ASEAN域外輸出ではタイを上回るASEAN最大の輸出大国に変貌した。本書のテーマは，ベトナムがどのようにしてASEANの輸出大国に変貌したのか，ASEANの輸出大国となったベトナムが，中長期的に成長を持続できるのか，その課題は何かということである。

　ベトナムがASEANの輸出大国に変貌できた要因は，第1に外資系企業の投資，特に韓国企業の役割（第4章），第2に米国との通商関係の締結やWTO加盟，TPP参加表明など市場開放（第1章），第3として，2000年代以降，北部のハノイ圏で日韓大手メーカーの進出をテコに機械産業が伸長してきたことである（第3章，第5章）。ハノイ圏の発展は，アパレル，雑貨に依存していたベトナムの輸出を電機を牽引力とする輸出構造に変えた原動力となった。

ベトナムを輸出拠点とする韓国企業と内需指向の日系企業

　外資系企業の投資では，韓国が特筆される。韓国，日本と共にベトナム投資は第3次投資ブームの最中にある。第3次ブーム下における日本企業のベトナム進出は，小売業や不動産などの内需指向型が目立ってきている（第2章川田論文）。一方，韓国の対ベトナム進出は，製造業の割合が高く，製造業の投資の主役は繊維・衣類からエレクトロニクスに変わっている。韓国企業はベトナムを韓国，中国に次ぐ第3の生産拠点として位置付けて，「ポスト・チャイナ」，「脱中国」の最有力地としてベトナムに集中進出している（第4章百本論文）。

広域化するハノイ経済圏

　ハノイ圏では，ODA を有効活用して市内道路，都市鉄道，高速道路など多岐にわたる交通インフラの整備が進んだ。ハノイから約 100km にある国際港整備中のハイフォンがハノイの経済圏に組み入れつつあり，新規の大型投資はハイフォン近郊における立地が多くなっている。こうした大都市圏への集中はさらなる集積を生んでいる。集積が集積を生む好循環を生み出している（第 3 章春日論文）。

　さらに，中国華南地方との陸路ルートでの越境サプライチェーンが急速に形成されつつある。とくに広西チワン族自治区の主要都市とハノイを結ぶ道路交通インフラの整備に伴い，クアンニン省など北部省への中国企業が加速し，中国華南地方の産業集積がベトナム北部へ波及する形で経済統合が進む。ハノイ～ハイフォン間も産業集積が進み，ラックフェン港が完成した現在，海路経由で諸外国とのサプライチェーン形成が加速すると見込まれる（第 5 章藤村論文）。

ベトナム経済の課題と長期展望

　ベトナムは裾野産業が十分育成されておらず，進出外資系企業の現地調達率は依然，低率に留まっている。ベトナムでは産業全体の底上げを図るうえで産業人材育成は避けられない課題である。ベトナムでは，官民の産業人材育成関連機関の活動が必ずしも戦略的に整合する形で実施されておらず，むしろ単発的な活動が多く，試行錯誤が続いている。現地地場企業にも，研修に関する情報収集や技術面での組織能力向上への意識向上に改善の余地がある。公的支援と民間の自助努力のいずれにおいても，質量両面のさらなる産業人材育成への取り組みが求められる（第 6 章高橋論文）。

　もう一つは，海外市場開拓の取り組みである。ベトナムは環太平洋パートナーシップに関する包括的及び先進的な協定（CPTPP，通称：TPP11），東アジア包括的経済連携（RCEP）などの広域経済圏に参加する見通しであるが，ベトナム政府は，外資の受け入れ促進ばかりでなく，ベトナム企業の対外直接投資を促進し始めている。2005 年投資法以降，ベトナム政府による資本金の規制の緩和に加え，ベトナム企業が独自の戦略により海外進出できるように

なった。発展途上国・新興国だけでなく，欧米や日本へ進出する地場企業も出てきている。（第7章佐藤論文）

　最後の第8章（トラン論文）はベトナム経済の長期展望である。ベトナム経済は，一層の工業化と資本・労働・土地市場の発展に伴い，2020年代には8～9％以上の高度成長期を迎える可能性が高い。現在，労働生産性が低い農業部門と自営業の雇用シェアがかなり高いので近代的工業部門の拡大により生産性の高い分野への労働力が吸収されるからである。ベトナム経済が持続的に高めの成長を実現することで，低位中所得の罠を回避し，新しい発展段階を迎える。

　しかし，持続的成長に向けて改善しなければならない課題は多くある。資本・労働などの要素市場の改革に加えて，外資系部門と国内企業部門との二重構造を是正することである。外資系企業の活動に対して現地企業の部品・中間財の供給が少なく，両者のリンケージが弱い。この状況を改善するために，国有企業の改革，民間企業の育成・発展を強化すると共に，外資系企業と国内企業との連携を促進しなければならない。

　こうしたASEANにおけるベトナムの台頭の含意は，第1に少子高齢化といった構造的な問題を抱える日本にとって，製造業関連分野でのベトナム人材活用など同国との相互補完関係の更なる構築が不可欠（第2章川田論文）であるということ。第2はポスト・チャイナの生産拠点として海のアジアの貿易の中核になる可能性があるということである（第1章大木論文）

　本書は，国際貿易投資研究所（ITI）のベトナム研究会での議論を基に作成された報告書を加筆修正し，新たに第3章（春日論文），第7章（佐藤論文）を加えたものである。

　本書から，読者の方々がベトナム経済の将来を考える上で，些かなりとも寄与するところがあれば誠に幸いである。

　最後に，ITIベトナム研究会を組織するに当たり，公益財団法人JKAから補助金の交付を受け，多大なご支援をいただいたことに謝意を表すとともに，本書の刊行を快諾され，編集の労をとられた文眞堂編集部の前野弘太氏に，心から御礼を申し上げたい。

　2018年10月

編著者

目　　次

はしがき ………………………………………………………………… *i*

第1章　ASEANの新輸出大国，ベトナムの台頭の含意 …………… *1*

要約 ………………………………………………………………………… *1*
第1節　ASEAN貿易におけるベトナムの台頭 …………………………… *1*
　1．ASEAN貿易の発展 ………………………………………………… *1*
　2．ASEAN財別貿易におけるベトナム ……………………………… *5*
　3．タイにキャッチアップするベトナムの貿易 ……………………… *9*
第2節　ベトナムの貿易拡大の背景 ……………………………………… *12*
　1．ベトナムの貿易成長率 …………………………………………… *12*
　2．対米通商協定の発効，WTO加盟，TPP参加表明 ……………… *14*
　3．サムスン電子による携帯電話の輸出開始 ……………………… *16*
第3節　ベトナムの貿易拡大の影響 ……………………………………… *18*
　1．東アジアの対米輸出拠点としてのベトナム …………………… *18*
　2．ベトナムと中国の貿易緊密化 …………………………………… *20*
　3．韓国の脱中国と対ベトナム貿易依存度の高まり ……………… *22*
　4．停滞する日本の対ベトナム貿易 ………………………………… *25*
　5．低調なベトナムの対ASEAN貿易 ……………………………… *26*
第4節　展　　望 ………………………………………………………… *29*
　1．かつての中国と相似するベトナムの貿易収支構造 …………… *29*
　2．ベトナムは中国を超えられるか ………………………………… *32*
　3．おわりに　ASEAN貿易におけるベトナム台頭の含意 ………… *34*

第2章　日本企業のベトナム進出動向と今後の展望
―製造業関連分野を中心に― …………………… 36

要約 ………………………………………………………………………… 36
はじめに …………………………………………………………………… 37
第1節　日本企業のベトナム進出の推移 ……………………………… 38
第2節　形態別に見たベトナム進出日系製造業企業の動向 ………… 41
　1. 輸出指向型製造業 ………………………………………………… 41
　2. 内需指向型製造業 ………………………………………………… 41
　3. 拡張・再投資案件 ………………………………………………… 42
　4. 高付加価値製品の生産や，最新技術導入も散見 ……………… 43
　5. "チャイナプラス1"，"タイプラス1"への対応としての進出 … 44
　6. ベトナム人材を活用した進出 …………………………………… 45
第3節　ASEAN域内関税撤廃などの影響 …………………………… 45
第4節　製造業関連サービス業での日本企業の進出状況 …………… 47
　1. 物流関連 …………………………………………………………… 47
　2. IT，BPO（ビジネスプロセスアウトソーシング）関連 ……… 47
第5節　日本の製造業企業の更なるベトナム進出に向けて ………… 48
おわりに …………………………………………………………………… 52

第3章　北部ベトナムにおける非日系企業の躍進と
　　　　交通インフラの整備 ……………………………… 56

要約 ………………………………………………………………………… 56
第1節　電機電子産業における非日系企業の躍進とASEAN生産 … 57
　1. 韓国電機電子メーカーの躍進 …………………………………… 58
　2. ベトナムにおけるスマートフォン生産の飛躍的拡大と中間財輸入 … 59
　3. ベトナムの輸出のうち国内で付与される付加価値は低い …… 61
第2節　交通インフラ整備と企業進出 ………………………………… 62
　1. ハイフォン方面に増える新規投資 ……………………………… 63
　2. 中国国境方面に中国企業の進出も ……………………………… 64

3.　後退する陸路による越境サプライチェーン構築の機運 ……… 65
　　4.　電子通関システムによる貿易円滑化：VNACCS の例 ……… 66

第4章　ブームが続く韓国企業のベトナム進出 ……………… 69

　要約 ………………………………………………………………………… 69
　はじめに …………………………………………………………………… 70
　第1節　韓国の対 ASEAN 直接投資の動向 …………………………… 70
　　1.　対 ASEAN 直接投資の推移──近年はベトナムが4割を占める …… 70
　　2.　業種別累計額でみた対ベトナム直接投資の特徴──高い製造業比率 … 73
　第2節　対ベトナム直接投資の推移 …………………………………… 73
　　1.　3回のベトナム投資ブーム …………………………………… 73
　　2.　韓国企業にとってのベトナムの魅力 ………………………… 78
　第3節　最近の主な韓国企業のベトナム進出事例 …………………… 80
　　1.　生産拠点構築を目的としたベトナム進出事例 ……………… 80
　　2.　消費市場の獲得を目的としたベトナム進出事例 …………… 85
　第4節　韓国企業のベトナム事業の収益性と問題点・課題 ………… 89
　　1.　在ベトナム韓国系企業の収益性──アジア平均を下回る …… 89
　　2.　在ベトナム韓国系企業が直面している問題点 ……………… 90
　　3.　韓国企業にとっての今後の課題 ……………………………… 93
　第5節　おわりに──今後の展望と日本企業にとっての機会 ……… 95
　　1.　当面続く見通しの韓国企業のベトナム投資ブーム ………… 95
　　2.　韓国企業のベトナム進出を機会に …………………………… 96

第5章　ベトナム北中部における輸送インフラと物流状況 …… 100

　要約 ………………………………………………………………………… 100
　はじめに …………………………………………………………………… 100
　第1節　ベトナム北部と中国華南 ……………………………………… 101
　第2節　ハノイ経済圏 …………………………………………………… 103
　　［ヒアリング記録①　JETRO ハノイ事務所］ ………………… 104
　　［ヒアリング記録② JICA ベトナム事務所］ …………………… 105

［ヒアリング記録③　JBIC ハノイ駐在員事務所］………………… *106*
　第3節　ハノイ〜ハロン〜モンカイの「東部経済回廊」……………… *107*
　第4節　ハノイ〜ハイフォン間の産業集積 ………………………………… *111*
　　［ヒアリング記録④　Nippon Express Vietnam（ハノイ市内にオフィス，クアンニン工業団地に倉庫，ディンブー工業団地に物流センター)］… *115*
　　［ヒアリング記録⑤　TERUMO Viet Nam Co., Ltd.（クアンミン工業団地）］………………………………………………………………… *117*
　　［ヒアリング記録⑥　Sumidenso Vietnam Co., Ltd.（ダイアン工業団地）］……………………………………………………………………… *118*
　　［ヒアリング記録⑦　Brother Machinery Vietnam Co., Ltd.（タンチュオン工業団地）］……………………………………………………… *120*
　　［ヒアリング記録⑧　Jaguar International Corporation Hanoi（タンチュオン工業団地）］………………………………………………… *121*
　　［ヒアリング記録⑨　NIPRO Pharma Vietnam Co., Ltd.（VSIP ハイフォン工業団地）］……………………………………………………… *122*
　第5節　ダナン経済圏 ……………………………………………………………… *124*
　　［ヒアリング記録⑩　日系縫製企業（ダナン市）］ ………………… *127*
　　［ヒアリング記録⑪　Takemoto Vietnam Co., Ltd.（ダナン市）］ …… *128*
　第6節　「国際リバブル都市」のモデルか…………………………………… *129*
　第7節　東西経済回廊 …………………………………………………………… *131*

第6章　ベトナムにおける産業人材育成 …………………………… *133*

　要約 ………………………………………………………………………………………… *133*
　はじめに ………………………………………………………………………………… *133*
　第1節　機械産業セクターの概要と人材育成 …………………………… *135*
　　1.　機械産業セクターの概要 …………………………………………… *135*
　　2.　ベトナム機械産業における人材の現況 ………………………… *136*
　第2節　産業人材育成関連機関の事例 ……………………………………… *138*
　　1.　ダナン企業支援センター（Danang Center for Supporting Enterprises, DNCSE）……………………………………………………… *138*

2. 中小企業支援開発センター（Assistance and Development Center for SMEs: SME-DATADC） ………………………………… 139
   3. 中小企業振興センター（Small and Medium Enterprise Promotion Center: SMEPC） ……………………………………………… 141
   4. ハノイ工業大学（Ha Noi University of Industry: HaUI） ………… 143
   5. ベトナム日本人材協力センター・ハノイ（Vietnam‐Japan institute for Human Resources Development: VJCC Ha Noi） ……………… 144
   6. ダナン職業訓練カレッジ（Danang Vocational Training College: DanaVTC） ………………………………………………………… 147
   7. Top Olympia School ……………………………………………… 149
  第3節　企業の事例 ………………………………………………………… 152
   1. CNC工作機械製造A社 ………………………………………… 152
   2. 重量測定システム製造施工B社 ……………………………… 154
   3. 紙幣計数識別機販売C社 ……………………………………… 156
   4. 栄養食品製造D社 ……………………………………………… 158
   5. ステンレス鋼管製造E社 ……………………………………… 159
  おわりに ……………………………………………………………………… 161

第7章　ベトナム地場企業の国際化
　　　　―海外進出で新たな市場開拓を行うベトナム地場企業― … 163

  要約 …………………………………………………………………………… 163
  はじめに ……………………………………………………………………… 163
  第1節　ベトナム対外直接投資の政策とその方向性 ………………… 165
   1. 海外への「市場の開拓・発展・拡大」を重視するベトナム政府 … 165
   2. 政府による外貨管理 …………………………………………… 166
  第2節　ベトナムの対外直接投資の推移 ……………………………… 167
   1. 2007年以降に急増するベトナムの対外直接投資 ……………… 167
   2. ラオスとカンボジアに集中するベトナムの対外直接投資 ……… 169
  第3節　最近のベトナム地場企業の海外進出の代表例 ……………… 171
   1. 途上国・新興国市場を開拓するベトテルグループ …………… 171

2. 途上国・新興国＋欧米の市場を開拓するビナミルク社 …………… 173
　　3. 市場開拓＋顧客要請，日本を最も重視するするFPTソフトウェア
　　　社 ……………………………………………………………………… 174
　第4節　まとめ ………………………………………………………… 175

第8章　ベトナム経済を考える：現段階の課題と展望 …………… 179
　要約 ……………………………………………………………………… 179
　はじめに ………………………………………………………………… 179
　第1節　中所得国の罠を回避するための成長戦略 ………………… 180
　第2節　FDI主導型成長の課題と展望 ……………………………… 183
　おわりに ………………………………………………………………… 187

索引 ………………………………………………………………………… 189

第1章

ASEANの新輸出大国，ベトナムの台頭の含意

要約

　AEC（ASEAN経済共同体）の完成で，ASEAN貿易の負け組と見られていたベトナムがASEAN域外貿易を牽引力として，工業品輸出ではタイに伍するASEANの輸出大国として台頭している。

　ベトナムの貿易は，ASEAN域外向け貿易が，輸出入ともに，リーマンショック後にも高い成長率を維持して拡大している。そのきっかけは，対米貿易関係の改善，WTO加盟に伴う市場開放，中国・ASEANのFTA，TPP参加表明等の対外通商政策とサムスン電子の大型投資である。

　ベトナムの貿易面での課題は，貿易収支の恒常的な黒字化を実現することである。2016年のベトナムの貿易収支構造は，2000年時点の中国の貿易収支構造に似ている。中国の貿易収支は，2016年で6,000億ドル超の黒字となっているが，これは，中間財貿易の黒字化，コンピュータ機器などIT機器（資本財）の製品輸出に支えらえているとともに，欧米市場依存を脱却して新興市場を開拓した輸出市場の多角化等成功しているためである。ベトナムは，部材資材の現地調達の向上やFTAを通じた先進国市場の獲得，出遅れているASEAN市場開拓等が当面の課題となろう。

第1節　ASEAN貿易におけるベトナムの台頭

1. ASEAN貿易の発展

　ASEANの貿易規模は，世界貿易に占める輸出のシェア（2016年）で7.3％，

東アジアでは中国の13.5％に次ぐ規模である[1]。世界輸出に占めるASEAN輸出の内訳をASEAN域内・域外別でみると，ASEAN域内シェアが1.7％，域外輸出シェアは7.3％，ASEAN貿易は域外輸出依存度が高い。

このASEAN域外輸出額において，2017年でベトナムは1,647億ドルとタイの1,768億ドルを抜き，シンガポールに次いでいる（表1-1）。シンガポールのASEAN域外輸出には，再輸出が過半程度を含まれているため，実質，ベトナムがASEAN最大の域外輸出国である。ベトナムの輸出先は，米国，EUでASEANでは第1位，中国はシンガポールに次いで第2位である。ベトナムの輸出の88％はASEAN域外向けである。

他方，ASEAN域内輸出は，ベトナムは209億ドルと，タイの3分の1程度にとどまっている。

他方，ベトナムの輸入はASEAN域内が292億ドル，ASEAN域外が1,916億ドルである。ASEAN域内輸入ではシンガポール，タイ，マレーシア，インドネシアに次ぐ第4位，ASEAN域外輸入ではシンガポールに次いで第2位である。ASEAN域外輸入もシンガポールの再輸出目当ての輸入を勘案すれば，実質ベトナムがASEAN域外輸入の最大国である。ベトナムのASEAN域外輸入先上位は中国，韓国，ASEANとなっている。

1980年から2017年までの間にASEAN貿易は，3度の拡大期を経験している（図1-1）。

第1期はプラザ合意後（1985年）からアジア通貨危機（1997年）までの12年間にわたる長期の拡大である。この期間のASEAN輸出は，域外輸出伸び率が13.5％，域内輸出は16.6％で拡大した。ASEAN輸出を牽引したのは，シンガポール，マレーシア，タイ，インドネシアのASEAN先発国である。日系企業を中心とした外資系企業が，製造拠点をこれらの諸国に構築して，主に欧米市場向けに製品の輸出を始めた。

長期にわたる拡大は，1977年のアジア通貨危機後で途切れたが，世界的なIT投資ブームの到来で持ち直した。しかし，2001年のITバブル崩壊で長期の拡大は終わった。

第2の拡大期は，ITバブル崩壊後の2002年からリーマンショックが発生した2008年までの期間である。域内輸出，域外輸出ともに第1期とほぼ同じ成

表 1-1　ASEAN の輸出入（2017 年）

	輸出（100 万ドル）								
	世界計	ASEAN 域内	ASEAN 域外	日本	米国	EU	中国	韓国	インド	その他
ベトナム	211,874	20,994	190,880	16,839	42,679	39,491	30,663	14,376	3,621	43,212
タイ	236,601	59,748	176,853	22,425	26,583	23,196	29,317	4,680	6,414	64,238
マレーシア	217,382	62,732	154,951	17,304	20,576	22,091	29,118	6,615	7,995	50,880
シンガポール	366,066	101,623	264,443	17,150	24,254	31,939	53,871	16,776	11,016	109,436
インドネシア	168,773	39,324	129,450	17,791	17,810	16,376	23,049	8,187	14,084	32,152
フィリピン	63,131	9,725	53,406	10,230	9,215	9,215	6,993	2,540	509	14,704
カンボジア	10,797	845	9,952	821	2,307	4,340	743	180	25	1,536
ミャンマー	11,158	3,526	7,632	739	–	988	4,072	335	660	838

	輸入（100 万ドル）								
	世界計	ASEAN 域内	ASEAN 域外	日本	米国	EU	中国	韓国	インド	その他
ベトナム	220,869	29,214	191,655	17,316	7,192	12,346	56,983	45,186	3,764	48,867
タイ	227,194	42,126	185,067	32,814	15,089	20,903	44,905	8,257	3,936	59,163
マレーシア	206,745	49,648	157,096	14,692	16,047	18,621	38,040	8,423	6,219	55,053
シンガポール	324,024	67,289	256,735	20,464	34,737	40,160	45,183	16,178	7,274	92,739
インドネシア	160,717	39,229	121,488	14,134	8,216	11,821	34,521	7,874	3,965	40,957
フィリピン	92,839	24,642	68,198	10,555	7,418	6,447	16,832	8,073	1,558	17,314
カンボジア	16,089	6,300	9,789	584	192	823	5,495	440	98	2,158
ミャンマー	18,051	7,011	11,040	1,084	–	458	5,667	298	1,001	2,531

資料：IMF; Direction of Trade Statistics（DOT）.

長率を維持した。第 2 期の ASEAN 貿易拡大の背景には，WTO に加盟した中国が世界の工場として出現したことがある。ASEAN 先発国は，中国に部材を供給する役割を担い，貿易を拡大させた。また，タイを中心に自動車貿易が拡大し始めたのもこの時期である。この期間におけるベトナムの貿易成長率は，域外輸出が 22.8％と ASEAN の平均 13.6％を大きく上回っている。ASEAN 域外輸出に占めるシェアでは，2001 年の 4.2％から 2008 年に 7.2％に拡大した。しかし，リーマンショックにより，2009 年の ASEAN 輸出は，域内・域外共に 2 ケタの減少率で落ち込んだ。

　第 3 は，リーマンショック後の急反発である。ASEAN 輸出の伸び率は，2009〜2017 年平均で域内輸出が 5.3％，域外が 6.2％と大きく鈍化している（表 1-2）。ASEAN 先発国の輸出が停滞する一方で，ベトナム，カンボジア，

4 第1章 ASEAN の新輸出大国，ベトナムの台頭の含意

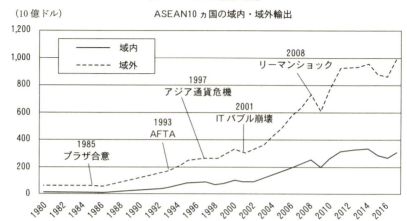

図 1-1 ASEAN 輸出の推移

資料：IMF; Direction of Trade Statistics (DOT).

表 1-2 ASEAN 各国の域内・域外平均伸び率（期間別）

	国名	平均伸び率（%）					
		1980-1985	1985-1997	1997-2001	2001-2008	2008-2009	2009-2017
域内輸出	ベトナム	-	37.5	6.0	22.1	-16.9	11.8
	シンガポール	3.1	17.2	-1.5	18.6	-24.7	2.8
	インドネシア	-6.3	13.5	1.1	16.2	-9.4	6.0
	マレーシア	6.3	15.4	-0.1	12.8	-21.5	5.6
	タイ	-1.7	22.6	0.7	17.8	-18.4	8.0
	フィリピン	6.2	17.0	9.5	5.2	-15.3	6.2
	カンボジア	-	59.4	-33.6	23.2	105.7	3.4
	ラオス	-	23.9	43.9	28.2	-20.4	18.9
	ミャンマー	-11.7	11.8	57.4	15.8	-9.6	-1.3
	ブルネイ	0.9	2.6	-1.6	18.5	-51.8	4.8
域内計		1.7	16.6	0.5	16.4	-20.7	5.3
域外輸出	ベトナム	-	22.6	13.7	22.8	-6.7	18.5
	シンガポール	3.4	14.5	-0.4	14.5	-18.0	4.3
	インドネシア	-2.8	8.5	1.3	13.0	-16.4	4.4
	マレーシア	2.6	14.3	3.9	12.2	-21.0	3.6
	タイ	2.5	18.4	3.3	14.6	-12.3	5.0
	フィリピン	-5.4	15.0	5.7	6.4	-20.9	6.1
	カンボジア	-	43.0	54.3	16.1	7.3	10.9
	ラオス	-	22.4	0.3	16.9	27.4	18.0
	ミャンマー	-4.3	11.6	13.0	8.8	27.9	10.7
	ブルネイ	-10.3	2.6	-3.5	16.6	-25.9.	-5.5
域外計		-0.0	13.5	2.5	13.6	-16.4	6.2

資料：IMF; Direction of Trade Statistics (DOT).

ラオス,ミャンマーの域外輸出は10%台の成長率で拡大している。とりわけ,ベトナムの域外輸出の伸び率が18.5%と勢いを持続させた。ASEAN域外輸出に占めるベトナムのシェアは,2009年の8.0%から2017年には19.2%へと拡大している。タイを上回り,再輸出が過半を占めるシンガポールをも上回るASEANの輸出大国となった(表1-3)。ASEAN貿易におけるベトナムの台頭は,2000年代の初めから始まり,リーマンショック後に一挙に開花した。

表1-3 ASEAN各国の域内・域外輸出シェア(%)

	国名	1980	1985	1997	2001	2008	2009	2017
域内輸出	ベトナム	-	0.3	2.4	2.9	4.1	4.3	6.9
	シンガポール	36.0	38.6	40.8	37.7	43.1	40.9	33.5
	インドネシア	22.2	14.7	10.7	10.9	10.8	12.3	13.0
	マレーシア	23.7	29.6	26.0	25.4	20.4	20.2	20.7
	タイ	9.3	7.9	14.4	14.5	15.7	16.2	19.7
	フィリピン	3.1	3.9	4.1	5.7	2.8	3.0	3.2
	カンボジア	-	0.0	0.4	0.1	0.1	0.3	0.3
	ラオス	-	0.0	0.0	0.2	0.3	0.3	0.9
	ミャンマー	0.9	0.5	0.3	1.6	1.6	1.8	1.2
	ブルネイ	4.7	4.5	1.0	0.9	1.0	0.6	0.6
域内計		100.0	100.0	100.0	100.0	100.0	100.0	100.0
域外輸出	ベトナム	-	1.1	2.7	4.2	7.2	8.0	19.2
	シンガポール	25.4	30.0	33.4	29.7	31.3	30.7	26.6
	インドネシア	32.3	28.1	16.3	15.6	15.0	15.0	13.0
	マレーシア	16.9	19.3	20.9	22.0	20.2	19.1	15.6
	タイ	9.0	10.2	17.0	17.5	18.6	19.5	17.8
	フィリピン	9.1	6.9	8.0	9.1	5.7	5.4	5.4
	カンボジア	-	0.0	0.1	0.5	0.6	0.7	1.0
	ラオス	-	0.0	0.1	0.1	0.1	0.1	0.2
	ミャンマー	0.5	0.4	0.3	0.5	0.4	0.6	0.8
	ブルネイ	6.8	3.9	1.2	0.9	1.1	1.0	0.4
域外計		100.0	100.0	100.0	100.0	100.0	100.0	100.0

資料:IMF; Direction of Trade Statistics (DOT).

2. ASEAN財別貿易におけるベトナム

ASEANの貿易構造は,財別構成比で見ると,域内,域外ともに中間財の比率が高い。域内輸出で中間財の占める割合は,2015年で64.5%,域外輸出では53.3%と過半を越えている(表1-4)。中間財は,加工品(化学品,鉄鋼,繊維など)と部品(機械・電機部品,自動車部品など)に分かれるが,輸出入

ともに加工品の比率が高い。ただし，ASEAN 域外輸出では，加工品と部品はほぼ同じ規模で拮抗している。

一方，最終財は，2015年に域外輸出で39.8％，域外輸入で32.1％と域外輸出で4割弱を占めている。最終財の内訳は資本財と消費財に分けられる。域外輸出に占める資本財の比率は16.5％，消費財は23.2％である。

ASEAN の財別輸出で，ベトナム，タイは資本財，消費財の金額が大きく，優位性を持っている。マレーシアは中間財の輸出が域内，域外ともにトップにある。ベトナムとタイは，ASEAN の最終財の輸出国であるが，違いがある（表1-5）。

第1は，ベトナムは資本財と消費財を合わせた最終財の ASEAN 域外輸出ではタイの輸出を上回っている。タイは，ASEAN 域内向けの最終財輸出でベトナムを大きく引き離している。ベトナムは ASEAN 域外輸出に特化している。

第2は財の違いである。タイの域外輸出は，資本財では産業用輸送機器

表1-4　ASEAN 貿易（域内・域外）2015 年

業種	域内・域外比率（％）				構成比（％）			
	輸出		輸入		輸出		輸入	
	域内	域外	域内	域外	域内	域外	域内	域外
総額	24.3	75.7	24.0	76.0	100.0	100.0	100.0	100.0
素材*	27.2	72.8	23.8	76.2	7.7	6.6	7.7	7.8
中間財	28.0	72.0	25.9	74.1	64.5	53.3	64.5	58.3
加工品	31.3	68.7	24.9	75.1	38.5	27.1	38.5	36.8
部品*	24.2	75.8	27.6	72.4	26.0	26.1	26.0	21.5
最終財	19.0	81.0	22.3	77.7	29.1	39.8	29.1	32.1
資本財	20.3	79.7	18.8	81.2	13.1	16.5	13.1	17.8
資本財（輸送機器除く）	20.2	79.8	20.5	79.5	12.1	15.3	12.1	14.8
産業用輸送機器	22.0	78.0	9.4	90.6	1.0	1.1	1.0	3.0
消費財	18.0	82.0	26.2	73.8	16.0	23.3	16.0	14.2
食料・飲料*	25.3	74.7	30.5	69.5	6.0	5.7	6.0	4.3
乗用車等*	30.7	69.3	33.5	66.5	1.7	1.2	1.7	1.1
耐久消費財	16.2	83.8	30.2	69.8	2.7	4.4	2.7	1.9
半耐久消費財	8.6	91.4	15.3	84.7	2.5	8.5	2.5	4.4
非耐久消費財	22.2	77.8	28.1	71.9	3.1	3.5	3.1	2.5

資料：ITI 財別貿易マトリックス。

表 1-5 ASEAN の域内・域外輸出入額 (2015 年)

(単位:10 億ドル)

業種	輸出											
	ベトナム		タイ		マレーシア		インドネシア		シンガポール(再輸出を除く)		ASEAN10	
	域内	域外	域内	域外	域内	域外	域内	域外	域内	域外	域内	域外
総額	18.2	143.8	54.2	156.6	56.2	143.1	33.6	116.7	48.5	121.5	281.8	879.3
素材	2.1	7.8	1.4	6.3	4.4	7.3	8.8	27.5	0.3	1.0	21.8	58.3
中間財	8.8	37.0	32.1	70.1	38.5	98.6	16.5	558	41.5	76.6	181.8	468.5
加工品	6.6	20.1	21.4	37.6	21.7	56.6	12.3	49.8	31.0	44.3	108.5	238.7
部品	2.3	16.9	10.7	32.5	16.8	42.2	4.2	6.0	10.5	32.3	73.3	229.8
最終財	7.0	99.2	21.0	81.2	14.4	38.6	8.5	33.9	7.9	30.6	82.0	350.1
資本財	3.0	37.5	8.3	34.6	6.5	20.9	2.3	5.1	3.7	18.9	36.9	144.9
資本財(輸送機器除く)	3.0	36.9	6.4	27.7	6.3	20.7	2.0	4.9	3.7	18.8	34.1	134.9
産業用輸送機器	0.0	0.6	1.8	6.9	0.2	0.2	0.3	0.2	0.0	0.1	2.8	9.9
消費財	4.0	62.8	12.8	49.3	8.3	17.9	6.6	29.6	4.1	11.7	45.0	205.2
食料・飲料	2.3	14.6	5.2	19.1	2.9	2.7	2.2	5.9	1.1	1.5	16.9	49.8
乗用車等	0.3	0.3	3.0	7.7	0.2	0.1	0.9	1.9	0.0	0.0	4.7	10.7
耐久消費財	0.3	6.6	1.8	12.1	2.2	7.2	0.8	6.2	0.8	2.5	7.5	39.0
半耐久消費財	0.6	36.5	0.9	5.7	1.7	3.1	0.6	12.0	1.6	2.2	7.1	74.7
非耐久消費財	0.5	5.1	1.8	4.9	1.3	5.0	1.8	3.9	0.7	5.5	8.8	31.0

業種	輸入											
	ベトナム		タイ		マレーシア		インドネシア		シンガポール		ASEAN10	
	域内	域外	域内	域外	域内	域外	域内	域外	域内	域外	域内	域外
総額	23.8	142.0	40.9	161.1	46.7	129.4	38.9	103.8	56.3	233.1	281.8	891.7
素材	0.9	8.4	9.2	20.5	3.6	8.5	2.4	15.0	6.6	17.1	21.8	69.7
中間財	17.0	96.2	20.7	95.7	32.7	85.9	29.2	61.7	35.7	132.6	181.8	520.0
加工品	12.6	58.9	11.0	62.0	19.1	46.4	23.5	45.9	17.4	77.2	108.5	327.9
部品	4.3	37.4	9.7	33.7	13.6	39.5	5.8	15.8	18.3	55.4	73.3	192.1
最終財	6.1	37.5	12.9	46.3	10.8	35.3	7.6	27.1	14.9	73.2	82.0	285.9
資本財	2.3	26.5	6.8	30.7	5.5	20.5	4.4	19.6	7.4	45.1	36.9	159.1
資本財(輸送機器除く)	1.8	23.0	6.5	26.8	5.0	18.2	3.9	18.5	6.9	33.9	34.1	132.0
産業用輸送機器	0.4	3.4	0.3	3.9	0.5	2.2	0.4	1.1	0.5	11.2	2.8	27.1
消費財	3.9	12.2	6.2	16.0	5.3	15.0	3.3	7.6	7.5	28.1	45.0	126.8
食料・飲料	1.6	3.5	1.6	4.9	2.1	5.0	1.0	2.7	2.5	5.5	16.9	38.4
乗用車等	0.1	0.6	0.4	0.9	0.4	1.8	0.6	0.8	0.2	1.6	4.7	9.4
耐久消費財	1.5	2.1	1.4	2.5	0.8	1.9	0.6	0.8	1.9	6.9	7.5	17.4
半耐久消費財	0.2	2.3	2.1	4.1	0.9	3.5	0.4	1.6	1.5	8.5	7.1	39.0
非耐久消費財	0.8	3.8	0.7	3.7	1.2	3.0	0.6	1.7	1.4	5.6	8.8	22.6

資料:各国貿易統計、ITI 財別貿易マトリックス。

(ピックアップトラック等），消費財では食料，乗用車などがトップである。ベトナムは，資本財のうち輸送用機器を除いた資本財，非耐久・半耐久消費財で

表1-6 ASEANの業種別域外輸出の主要国別シェア（2015年，%）

ASEAN 域外輸出に占める比率（2015年）%	ベトナム	タイ	マレーシア	インドネシア	シンガポール（再輸出を除く）	ASEAN10 域外	世界
総額	12.4	13.5	12.3	10.1	10.5	75.7	100.0
鉱物性燃料等	2.0	1.6	15.7	19.0	12.2	57.3	100.0
食料品	21.4	25.5	4.7	9.5	3.5	73.6	100.0
穀物	22.1	46.6	0.0	0.0	0.0	73.6	100.0
加工食品	8.8	27.9	7.2	8.4	6.2	66.2	100.0
油脂その他の動植物生産品	0.8	0.9	32.3	48.3	0.5	87.5	100.0
化学品	4.5	18.6	12.6	9.7	20.5	73.9	100.0
プラスチックス・ゴム	6.4	28.3	14.9	10.6	10.6	76.0	100.0
鉄鋼	11.0	16.0	12.7	12.0	3.6	63.2	100.0
鉄鋼の一次製品	12.8	6.9	8.5	13.7	6.0	56.9	100.0
鉄鋼製品	10.1	20.7	14.9	11.2	2.4	66.5	100.0
機械機器	11.2	15.1	13.0	2.5	10.2	77.0	100.0
一般機械	6.8	22.1	11.4	2.3	14.0	73.8	100.0
コンピュータ及び周辺機器	11.6	27.8	16.0	0.3	12.3	85.7	100.0
コンピュータ部品	3.2	15.9	15.1	0.2	9.9	65.3	100.0
電気機器	15.0	8.1	15.5	2.0	8.0	79.3	100.0
通信機器	59.5	3.5	7.4	0.5	3.0	84.6	100.0
携帯電話	72.0	0.4	2.2	0.1	1.1	82.6	100.0
半導体等電子部品類	2.8	4.6	17.6	0.1	10.6	80.8	100.0
電子管・半導体等	2.9	3.4	30.7	0.7	10.0	80.4	100.0
集積回路	2.8	4.7	15.4	0.1	10.7	80.8	100.0
その他の電気・電子部品	8.9	12.7	15.6	4.3	8.7	70.7	100.0
ディスプレイモジュール	7.5	13.2	22.1	7.8	5.1	75.0	100.0
映像機器類	26.1	23.4	14.3	10.2	2.1	83.0	100.0
デジタルカメラ	24.0	45.4	2.9	4.1	1.5	88.9	100.0
テレビ受像機（液晶・プラズマを含む）	10.6	22.7	26.3	13.2	0.0	75.3	100.0
写真機（映画用撮影機を除く。）※	87.9	4.5	4.6	0.0	−	97.0	100.0
音響機器	9.1	36.2	28.4	0.2	0.5	85.9	100.0
輸送機器	3.9	35.1	3.8	6.0	5.3	71.0	100.0
自動車	0.0	63.1	0.5	8.5	0.0	73.1	100.0
乗用車	0.0	54.1	0.2	13.8	0.0	68.9	100.0
貨物自動車	0.0	78.1	0.1	1.2	−	79.9	100.0
二輪自動車	11.6	40.1	0.4	8.7	0.0	64.8	100.0
自動車部品	5.9	34.2	3.8	7.0	0.0	65.0	100.0
繊維及び同製品	41.7	8.5	3.8	18.1	0.4	91.7	100.0
繊維	23.5	16.8	6.9	26.4	1.2	76.8	100.0
縫製品	47.7	5.8	2.8	15.4	0.1	96.5	100.0
雑製品	48.4	7.3	7.5	19.5	0.6	91.3	100.0

資料：各国貿易統計，ITI財別貿易マトリックス。

ある。

　表1-6は，ASEANの産業別域外輸出の国別シェア（2015年）を求めたものである。ベトナムは，資本財に分類される携帯電話，写真機，消費財の縫製品，雑製品（履物，玩具など）に優位性を持っている。タイは，穀物，加工食品等の食料，プラスチック，鉄鋼製品等の加工品，コンピュータ，同部品，デジカメ，テレビ等の映像機器，自動車・同部品など幅広い工業品でASEAN域外輸出をリードしている。特に，自動車輸出では，ASEAN域外輸出の6割以上を占めている。ベトナムと比べてタイは，広範囲，幅広く輸出産業を抱え，ASEAN域内への供給拠点としての役割を果たしている。

　万遍なく工業品を輸出しているタイと比べて，ベトナムの工業品輸出は特定品目に偏っている。

3．タイにキャッチアップするベトナムの貿易

　タイとベトナムの輸出額は，2000年でタイが685億ドル，ベトナムが144億ドルとタイの輸出額はベトナムの4.7倍あったが，2016年ではタイが2,136億ドル，ベトナムは1,765億ドルとその倍率は1.2倍に縮小している。この間の輸出の拡大幅はタイが3倍増に対して，ベトナムは12倍増と著増している。タイは停滞，ベトナムは躍進という構図が鮮明になっている。

　ベトナムの輸出がタイの輸出にどの程度キャッチアップ（タイ／ベトナムの輸出比）しているのかを業種別に見たのが表1-7である。比率が1以上は，タイの輸出額がベトナムの輸出額を上回っている業種である。2016年でASEAN域外輸出では，ベトナムとタイはほぼ同等，ASEAN域内輸出ではタイがベトナムに対して優位性を維持している。

　タイとベトナムの輸出格差の縮小は，すべての業種で起きている。ベトナムの輸出がタイを逆転した業種は，電機，繊維，縫製品，家具など，履物，玩具等の労働集約財である。一方，タイがベトナムを大幅に上回っている自動車である。化学品や一般機械でも格差は縮まっているが差は大きい。

　タイの輸出額上位は，一般機械，化学品，電機，食料品，自動車であるが，電機が凋落する一方で自動車や化学品が拡大している。最大の輸出産業である一般機械は横這いで推移している。タイの一般機械輸出の過半以上を占めてい

るのが記憶装置（ハードディスクドライブ）で，2002年から輸出が始まり，2008年まで拡大基調にあったが，リーマンショック後からは横這いとなり，成長が止まった。

ベトナムの上位は電機，縫製品，食料，履物，一般機械である。2000年時

表1-7　タイにキャッチアップするベトナムの貿易（2016年）

①輸出

業種	タイ輸出／ベトナム輸出						構成比					
	2000			2016			タイ			ベトナム		
	域内	域外	計	域内	域外	計	域内	域外	計	域内	域外	計
履物	1.3	0.6	0.6	0.2	0.0	0.0	0.2	0.3	0.3	2.0	8.2	7.6
縫製品	1.3	1.9	1.9	0.9	0.1	0.1	0.4	1.6	1.3	1.6	14.8	13.5
帽子	6.9	1.7	1.8	2.1	0.2	0.2	0.0	0.0	0.0	0.0	0.2	0.2
傘・つえ	-	17.0	17.5	2.3	0.1	0.2	0.0	0.0	0.0	0.0	0.0	0.0
家具・寝具等	5.4	4.2	4.2	1.1	0.2	0.2	0.4	0.6	0.6	1.2	3.6	3.3
原皮・革製品・毛皮	4.0	4.7	4.6	1.7	0.2	0.3	0.5	0.5	0.5	1.0	2.1	2.0
電機	15.8	33.2	27.1	1.2	0.5	0.5	10.6	15.0	13.9	28.4	32.8	32.4
がん具・運動用具	38.2	11.2	11.4	2.8	0.7	0.7	0.1	0.4	0.3	0.1	0.6	0.5
繊維	10.8	9.2	9.5	1.4	0.6	0.8	2.3	1.6	1.7	5.2	2.5	2.8
羽毛・人髪製品等	2.2	5.5	5.4	0.4	0.9	0.8	0.0	0.0	0.0	0.0	0.0	0.0
楽器	-	16.5	17.8	2.8	1.0	1.0	0.0	0.0	0.0	0.0	0.0	0.0
木材・コルク等	3.4	2.9	2.9	2.3	0.9	1.0	0.4	1.4	1.1	0.6	1.5	1.4
塩・硫黄・鉱石等	15.3	9.1	10.4	2.3	0.6	1.1	1.2	0.2	0.5	1.6	0.4	0.5
石・セメント・陶磁器製品・ガラス	12.0	5.4	6.0	1.0	1.2	1.1	1.1	0.8	0.9	3.6	0.7	0.9
光学機器	30.4	34.5	34.1	2.0	1.2	1.2	0.9	3.0	2.5	1.4	2.6	2.5
鉄鋼	9.1	24.7	17.5	1.3	1.2	1.2	3.3	2.2	2.5	8.1	1.8	2.4
食糧	3.0	2.8	2.8	3.1	1.0	1.3	14.8	13.5	13.8	14.9	13.0	13.2
雑品	16.2	7.4	7.9	1.8	1.2	1.4	0.4	0.3	0.3	0.7	0.2	0.3
書籍・新聞等	-	96.4	116.6	3.9	1.0	1.5	0.1	0.0	0.0	0.0	0.0	0.0
油脂	1.5	0.7	0.9	2.5	1.1	1.5	0.4	0.2	0.2	0.6	0.2	0.2
船舶	8.6	21.4	20.0	11.5	0.1	1.6	2.1	0.0	0.6	0.6	0.4	0.4
鉱物性燃料	1.1	0.4	0.6	3.7	0.7	1.7	8.5	1.0	2.9	7.1	1.5	2.0
卑金属	23.3	22.6	22.7	3.8	1.8	2.1	2.1	2.0	2.0	1.7	1.1	1.1
紙・パルプ・古紙	217.4	9.7	12.8	4.4	2.3	2.9	1.2	0.5	0.7	0.9	0.3	0.3
航空機	2.3	2.5	2.5	1.4	3.7	3.1	0.2	0.6	0.5	0.4	0.2	0.2
一般機械	7.0	59.3	20.2	7.3	3.4	3.8	14.8	18.3	17.4	6.3	5.4	5.5
美術品	-	1.3	1.4	14.9	2.3	3.9	0.0	0.0	0.0	0.0	0.0	0.0
化学品	29.5	15.7	17.7	5.5	3.6	4.0	15.9	15.4	15.5	8.9	4.2	4.7
時計	11.0	39.7	35.0	1.8	13.2	10.0	0.1	0.3	0.2	0.1	0.0	0.0
自動車	399.3	27.2	33.7	14.9	12.6	13.2	14.1	12.3	12.7	2.9	1.0	1.2
貴石・貴金属等	7.8	24.1	23.5	140.7	12.5	14.3	3.6	7.7	6.6	0.1	0.6	0.6
鉄道	-	-	-	742.0	262.3	302.9	0.2	0.2	0.2	0.0	0.0	0.0
総計	5.1	4.7	4.7	3.1	1.0	1.2	100.0	100.0	100.0	100.0	100.0	100.0

②輸入

業種	タイの輸入/ベトナムの輸入						構成比					
	2000			2016			タイ			ベトナム		
	域内	域外	計	域内	域外	計	域内	域外	計	域内	域外	計
繊維	1.2	1.4	1.4	0.5	0.2	0.2	0.9	1.9	1.7	2.9	9.8	8.8
木材・コルク等	2.6	2.6	2.6	0.5	0.2	0.3	0.6	0.2	0.3	1.9	0.9	1.0
雑品	1.1	3.0	2.7	1.0	0.4	0.5	0.2	0.2	0.2	0.3	0.5	0.5
履物	0.9	0.2	0.2	5.4	0.3	0.5	0.4	0.2	0.2	0.1	0.5	0.4
原皮・革製品・毛皮	2.9	2.1	2.2	0.6	0.6	0.6	0.3	0.8	0.7	0.8	1.2	1.1
羽毛・人髪製品等	−	9.0	10.9	25.9	0.6	0.7	0.0	0.0	0.0	0.0	0.0	0.0
塩・硫黄・鉱石等	1.5	5.9	4.6	0.2	0.9	0.8	0.1	0.3	0.3	0.6	0.4	0.4
電機	11.7	9.9	10.2	2.5	0.7	0.8	24.2	18.5	19.7	16.1	29.1	27.3
食糧	1.6	3.8	3.2	1.0	0.8	0.8	6.5	5.8	5.9	10.8	7.7	8.1
紙・パルプ・古紙	1.8	3.8	3.3	0.6	1.0	0.9	1.1	1.2	1.1	2.9	1.1	1.4
化学品	1.7	3.9	3.2	1.0	1.0	1.0	11.2	14.1	13.5	17.6	14.1	14.6
光学機器	2.0	8.0	6.2	2.3	1.1	1.2	2.1	2.9	2.8	1.6	2.8	2.7
卑金属	5.4	7.9	7.3	1.7	1.1	1.2	3.8	4.4	4.3	3.6	4.0	4.0
油脂	0.4	13.4	3.8	0.4	1.8	1.2	0.7	1.1	1.0	2.7	0.6	0.9
石・セメント・陶磁製品・ガラス	2.2	6.8	5.5	1.3	1.2	1.2	0.7	1.0	1.0	0.9	0.9	0.9
一般機械	6.7	4.7	5.0	1.7	1.2	1.3	11.4	13.9	13.4	11.5	11.9	11.8
鉄鋼	1.5	4.1	3.8	2.9	1.3	1.4	4.0	9.5	8.3	2.3	7.6	6.9
帽子	0.2	0.4	0.4	5.4	1.3	1.4	0.0	0.0	0.0	0.0	0.0	0.0
がん具・運動用具	8.7	8.0	8.0	2.3	1.4	1.4	0.0	0.2	0.2	0.0	0.0	0.0
楽器	4.1	5.9	5.5	0.9	1.8	1.6	0.0	0.0	0.0	0.0	0.0	0.0
家具・寝具等	4.2	9.5	8.3	1.3	1.6	1.6	0.3	0.6	0.5	0.3	0.4	0.4
美術品	−	−	−	161.9	0.8	1.7	0.0	0.0	0.0	0.0	0.0	0.0
自動車	0.5	2.2	1.8	1.4	1.9	1.8	4.4	4.5	4.5	5.2	2.4	2.8
縫製品	0.7	0.3	0.3	5.0	1.8	2.0	0.5	0.7	0.6	0.2	0.4	0.4
書籍・新聞等	5.6	15.1	12.5	1.2	3.3	2.9	0.1	0.2	0.1	0.1	0.1	0.1
傘・つえ	0.3	−	84.6	0.9	3.2	3.1	0.0	0.0	0.0	0.0	0.0	0.0
鉱物性燃料	0.9	12.4	3.5	2.1	4.4	3.2	21.9	10.2	12.6	17.2	2.4	4.4
航空機	0.3	140.1	126.2	15.9	4.0	4.1	0.1	1.7	1.4	0.0	0.4	0.4
船舶	4.8	0.3	0.5	27.3	2.9	4.3	0.9	0.4	0.5	0.1	0.1	0.1
時計	4.4	23.0	21.1	4.2	9.6	8.9	0.1	0.5	0.4	0.0	0.0	0.0
鉄道	−	1.4	1.5	123.3	12.6	14.4	0.2	0.4	0.3	0.0	0.0	0.0
貴石・貴金属等	46.3	32.6	33.2	34.3	13.9	15.2	3.2	4.7	4.4	0.2	0.4	0.3
総計	2.5	4.5	3.9	1.7	1.0	1.1	100.0	100.0	100.0	100.0	100.0	100.0

資料：タイ，ベトナム貿易統計より作成。

点では，鉱物性燃料，縫製品，食料，履物，一般機械，電機であった。電機が急増，相対的に食料，鉱物性燃料の比率が低下している。

かつて，ASEANでは，AEC（ASEAN経済共同体）が完成するとベトナムの産業競争力が不利化するというベトナム悲観論が蔓延したことがある。ASEAN域内貿易の自由化は，産業集積が進んでいるタイにより一層有利に働き，産業集積の集積度が高まることでタイの産業の競争力が強化されると期待されていた。

他方，すそ野産業が未発達で部材調達に劣るベトナムは，ASEAN域内貿易の自由化は企業の誘致面で不利化するものと見込まれていた。実際，AECを見込んで，電機産業では，ベトナムから撤退する日系企業も出ていた

しかし，このベトナム悲観論は現時点では杞憂に終わったようである。理由は，第1は，ベトナム悲観論は，自動車産業を念頭に置いて優劣を論じていたこと，第2にベトナムの輸出は域外指向で，AECによる自由化の恩恵とは無縁であったこと，第3は，部材調達は必ずしもASEAN拠点を使う必要はなく，最も割安に調達可能な国から調達できること。実際，ベトナムの部品調達は，中国，韓国に依存している。

第2節　ベトナムの貿易拡大の背景

1. ベトナムの貿易成長率

ASEAN貿易におけるベトナムの台頭は，2000年代に入ってからのことである。2000年代におけるベトナムの貿易拡大は，リーマンショック（2008年）前後で異なった動きをしている。リーマンショック前のベトナムの貿易成長率を2000〜2010年でみると輸出が17.1％，輸入は18.2％とほぼ1990年代の成長を持続させた（表1-8）。牽引力となったのは，輸出では対米輸出，輸入では対中輸入であった。

リーマンショック後の2010〜2017年の牽引力は，対米輸出が一服する一方で，対中，対韓，対EU輸出が拡大，輸入では対韓輸入が急拡大した。その中で，1990年代には，ベトナムの最大の貿易相手であったASEANの影が薄く

表1-8　ベトナムの輸出・輸入（地域・国別構成比，伸び率）

①輸出

相手国	構成比（％）					平均伸び率（％）			
	1981	1990	2000	2010	2017	1981-1990	1990-2000	2000-2010	2010-2017
日本	24.0	13.5	17.8	11.0	7.9	29.2	22.4	11.6	11.8
中国	0.0	0.3	10.6	10.4	14.5	0.0	69.6	16.9	22.7
韓国	3.3	1.1	2.4	4.4	6.8	21.5	29.4	24.2	24.5
米国	0.1	0.0	5.1	20.3	20.1	-27.5	228.6	34.5	17.0
ASEAN10	9.9	13.8	18.1	14.7	9.9	42.9	22.3	14.7	10.6
EU	30.1	9.4	20.6	16.2	18.6	21.0	28.8	14.3	19.4
世界	100.0	100.0	100.0	100.0	100.0	37.7	19.1	17.1	17.1

②輸入

相手国	構成比（％）					平均伸び率（％）			
	1981	1990	2000	2010	2017	1981-1990	1990-2000	2000-2010	2010-2017
日本	21.2	5.9	14.7	10.8	7.8	3.9	29.8	14.6	9.8
中国	0.0	0.2	9.0	24.0	25.8	0.0	77.2	30.5	16.1
韓国	0.0	1.9	11.2	11.7	20.5	98.7	41.9	18.7	24.5
米国	2.0	0.0	2.3	4.5	3.3	-28.3	90.9	26.3	9.7
ASEAN10	15.0	19.0	28.4	19.7	13.2	22.8	23.5	13.9	8.6
EU	51.2	12.3	8.8	7.6	5.6	2.1	14.7	16.6	9.9
世界	100.0	100.0	100.0	100.0	100.0	19.6	18.6	18.2	14.9

資料：IMF; Direction of Trade Statistics (DOT).

図1-2　ベトナムの業種別輸出（2000 － 2015年）

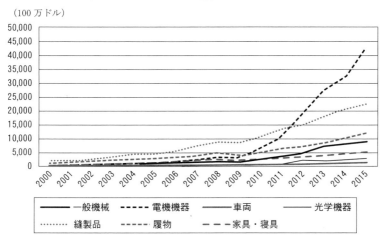

資料：ベトナム貿易統計。

なってきている。また，対日貿易も伸び率が鈍化し，ベトナムの貿易相手国としての地位が低下している。

一方，業種別輸出でも，リーマンショック前後で牽引役が交代している。リーマンショック前では，縫製品がベトナムの輸出を牽引していたが，リーマンショック後では電機機器（携帯電話）が急拡大し，2012年に携帯電話の輸出が縫製品を追い抜いた（図1-2）。

2. 対米通商協定の発効，WTO 加盟，TPP 参加表明

ベトナムは，2000年代に入り，米越通商協定発効，WTO加盟，日本，韓国，EU等とのFTA締結等，対外経済関係の改善に取り組んできている（図1-3）。この中で，ベトナムの貿易が拡大し始めたきっかけとなったのは，2001年12月に対米通商協定の発効である[2]。これにより，米国はベトナムに最恵国待遇を付与して，ベトナムに対する米国の平均関税率は約40％から約3％に大幅削減された。その結果，2002年にはベトナムのアパレル製品が米国内に大量流入した（表1-9）。2003年には，米国と繊維・衣料品協定や米国と直行便が可能となった航空協定が調印されて，米市場のアクセスが改善された。

さらに，ベトナムは，WTO加盟交渉を本格化させた2004年頃から，WTOルールに合わせた改革（輸出補助金や国産化規制，外資系企業に対する差別的待遇など）を進めた。国内産業保護の是正と市場開放の制度整備を進めたことで外資が流入し始め，WTOに加盟した2007年には，対ベトナム直接投資が急拡大した。

2010年のTPP参加表明も追い風となった。ベトナムは，2008年11月にペルーで開催されたAPEC首脳・閣僚会議でオーストラリア，ペルーとともにTPP参加を表明した。ベトナムがTPP参加を決めた理由の1つは，貿易と外国投資の促進である。特に，最大の市場である米国の関税の引き下げは，輸出の拡大のチャンスである。また，TPPへの参加を通じて多国籍企業のサプライチェーンの一端にベトナムが参画することを期待した。

図1-3 ベトナムの輸出推移と主な通商協定（1981 − 2017）

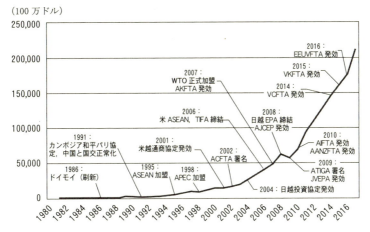

資料：IMF; Direction of Trade Statistics (DOT).

表1-9 ベトナムのアパレル輸出

HS61 衣類（メリヤス，クロセ編み） （単位：100万ドル）

RANK	相手国	2000	2005	2010	2011	2012	2013	2014	2015	2016
	世界計	249	1,720	4,899	5,910	6,640	7,917	9,181	10,111	10,801
1	米国	7	1,090	3,461	3,883	4,495	5,127	5,801	6,316	6,593
2	日本	71	155	371	567	668	902	1,044	1,147	1231
3	韓国	6	11	95	185	220	338	434	535	663
4	中国	−	4	26	52	72	127	180	263	320
5	カナダ	1	27	110	130	156	210	255	273	257
	EU28	70	261	565	746	638	718	879	932	1,042
	ASEAN10	10	10	22	31	38	57	67	83	117

HS62 衣類（メリヤス，クロセ編み以外） （単位：100万ドル）

RANK	相手国	2000	2005	2010	2011	2012	2013	2014	2015	2016
	世界計	1,536	2,838	5,219	6,910	7,439	8,829	10,518	11,323	11,608
1	米国	42	1,490	2,572	2,876	2,932	3,443	3,970	4,593	4,810
2	韓国	54	32	249	584	760	1,201	1,551	1,479	1,513
3	日本	510	419	629	949	1,131	1,240	1,351	1,420	1,438
4	英国	56	108	243	333	332	351	439	520	526
5	ドイツ	238	182	339	458	433	514	588	508	498
	EU28	568	605	1,310	1,748	1,760	1,954	2,407	2,479	2,472
	ASEAN10	44	25	28	46	52	60	63	86	99

資料：ベトナム貿易統計。

3. サムスン電子による携帯電話の輸出開始

　リーマンショック後のベトナムの輸出を牽引したのは携帯電話（スマホ）である。ベトナムの携帯電話輸出額は，2010年の15億ドルが2012年に100億ドルを超え，2016年には271億ドルに拡大している。輸出先は，EU市場向けが最大となっている（表1-10）。

　携帯電話がベトナムの主力輸出品となったのは，サムスン電子の北部ベトナムの大型投資によるものである。サムスン電子は，2009年にハノイの空港から15分の距離にあるバクニン省・イェンフォ工業団地に年間1.2億台の生産能力規模の携帯電話工場（第1工場）を建設した。同時に電池生産のサムスンSDIも進出している。2013年3月には第1工場から約30キロ離れているタイグエン省イェビ工業団地に年間1.2～1.5億台の生産規模の第2工場を建設し，同10月に部品工場も建設した。

　サムスン電子がベトナムの工場で製造する製品は，スマートフォン，タブレット，フィーチャーフォン，スマートウオッチ，小型カメラモジュールそれに液晶テレビや，掃除機の家電製品である。このうち，ベトナムにおけるサムスンのスマートフォン生産台数は1億3,500万台，一方中国では1億4,000万台とベトナム生産が中国生産を上回った。スマートウオッチ，フィーチャーフォン，小型カメラモジュールの生産は，中国では生産せずにベトナムが主力生産地になっている。

　サムスン電子の大型投資は，電気・電子関連の韓国系企業による投資を誘発している。例えば，2013～2015年の電気・電子関連の10億ドル以上の大型投資案件は全て韓国系企業だった。2015年の韓国の製造業投資件数（新規認可ベース）は409件と日本の102件の4倍と急増していた。

　サムスン電子が脱中国を進めている理由は，中国の事業環境変化がある。サムスン・グループの中国事業は，家電などのBtoCからBtoBビジネスへ重点を移している。中国ではNAND型フラッシュメモリや液晶パネルなどを生産し，現地の外資系・中国系企業へ供給している。他方，家電やスマホの生産は中国企業によってシェアを奪われたため，現地での事業を縮小し，生産拠点をベトナムへシフトしている。ベトナムのスマホ工場はグローバル市場向け，家電工場はASEAN向け生産拠点として位置付けている。

ベトナムを世界市場に供給するグローバル拠点として，いち早く，位置付けてベトナムで量産体制を構築した企業は，キヤノンである。キヤノンは，プリンターの生産をメキシコからハノイに移管して2002年に工場を立ち上げた。ハノイ市に1工場，同市に隣接するバクニン省クエボ工業団地に2工場等を持ち，インクジェットプリンター，レーザープリンター，スキャナー等を世界市場に輸出している（キヤノンの全世界生産量の3割を，ベトナムの3工場が担っている）。しかし，キヤノンに続く大型投資は，サムスン電子まで起こらなかった。

　サムスン電子は，ホーチミンでも市内にあるサイゴンハイテクパークでテレビ，エアコン，洗濯機などの家電生産を始めることになっている。

表1-10　ベトナムの携帯電話輸出

相手国	輸出額（100万ドル）							
	2008	2010	2011	2012	2013	2014	2015	2016
世界計	8	1,587	5,698	10,093	19,326	21,333	25,088	27,155
米国	0	2	3	2	708	1,523	2,699	4,105
アラブ首長国連邦	1	95	346	1,198	3,398	3,612	4,458	3,797
オーストリア	-	16	281	756	1,575	1,730	1,712	2,114
ロシア	-	248	524	690	768	654	626	700
日本	-	0	-	-	-	0	32	365
韓国	-	0	0	1	5	7	32	259
EU28	-	410	2,877	4,967	7,847	8,279	9,825	10,780
ASEAN10	2	274	701	1,196	2,442	2,431	1,680	1,657

相手国	数量（1千台）							
	2008	2010	2011	2012	2013	2014	2015	2016
世界計	60	11,143	37,467	-	110,934	110,675	151,866	135,179
米国	1	14	19	-	4,066	7,899	16,341	20,434
アラブ首長国連邦	6	669	2,275	-	19,503	18,741	26,987	18,900
オーストリア	-	115	1,851	-	9,038	8,973	10,362	10,524
ロシア	-	1,745	3,444	-	4,409	3,392	3,787	3,484
日本	-	0	-	-	-	1	193	1,817
韓国	-	1	2	-	29	38	196	1,291
EU28	-	2,878	18,915	-	45,043	42,949	59,472	53,665
ASEAN10	12	1,926	4,606	-	14,020	12,613	10,169	8,248

※ HS8517.12
資料：ベトナム貿易統計。

第3節　ベトナムの貿易拡大の影響

1. 東アジアの対米輸出拠点としてのベトナム

ASEAN 諸国の中でベトナムは，対米輸出国の最大手となった。これを米国の対 ASEAN 主要国の輸入シェアの推移（図 1-4）をみると，1990 年代後半から 2013 年までマレーシアが米国の対 ASEAN 輸入のトップであった。2014 年にベトナムがマレーシアを抜いている。米国の輸入に占めるベトナムのシェアは，2000 年の 0.8％ から 2016 年には 1.9％ へと倍増している。

前述したように，ベトナムの対米輸出を牽引してきたのは縫製品である。米国の縫製品輸入に占めるベトナムのシェアは，2016 年に 11.4％，中国の 37.6％ と比べて 3 分の 1 程度であるが，中国に次ぐ第 2 位を占めている。米国の縫製品輸入に占める中国のシェアは 2000 年に 11.4％ であった。16 年前の中国が今のベトナムである。米国の縫製品輸入に占める中国のシェアは，2010 年の 41.4％ をピークに低下傾向にある。一方，ベトナムは 2005 年の 3.4％ に過ぎなかったシェアを毎年拡大させている（図 1-5）。

図 1-4　米国の対 ASEAN 輸入シェアの推移

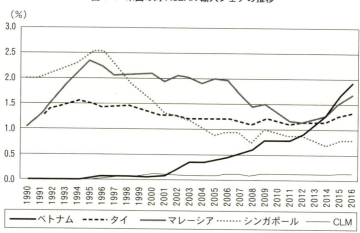

資料：米国貿易統計。

米国の対ベトナム輸入は、縫製品に続いて、2013年からは携帯電話が登場したことで、米国の輸入に占めるベトナムのシェアをさらに底上げさせた。さらに、2016年からは洗濯機の輸出が出始めている。冷蔵庫やエアコンの輸出も金額は少ないが始まっており、白物家電が次の対米輸出製品として登場して

図1-5 米国の縫製品輸入シェア（上位3ヵ国）

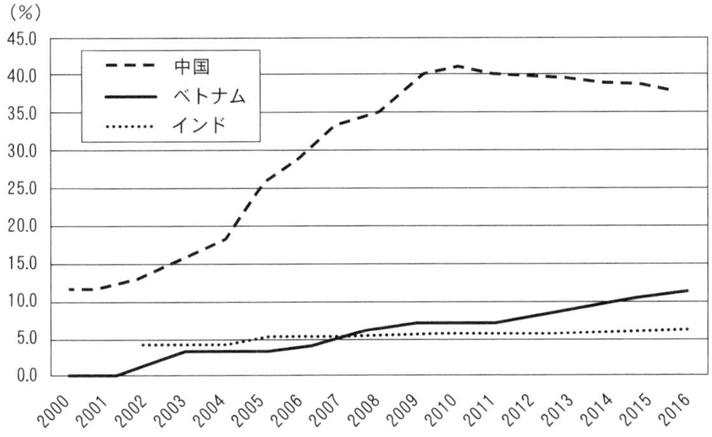

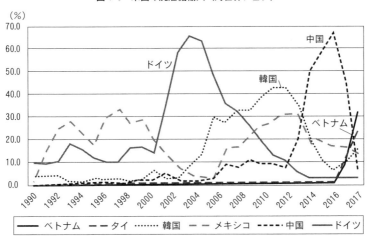

資料：米国貿易統計。

図1-6 米国の洗濯機輸入（対世界シェア）

資料：米国貿易統計。

いる（図1-6）。

ベトナムの対米輸出は，米中貿易紛争の激化により，対米輸出拠点を中国からベトナムに移管する動きが強まることが予想され，拡大すると見込まれる。すでに，在中国外資系企業の間では，中国国内の賃金高騰や沿海部での人手不足などによりベトナムなどに生産拠点を移管している。この動きは，中国企業の間でも強まることになろう。中国輸出拠点の代替として，最有力候補が，輸送距離が短い近隣のベトナムである。

2. ベトナムと中国の貿易緊密化

ベトナムの対中貿易は，輸出では3位，輸入では第1位を占めている。また，ASEAN主要国の対中貿易と比較すると，輸出ではシンガポールに次いで2位，輸入では1位を占めている。逆に，中国のASEAN貿易におけるベトナムのポジション（2017年）は，輸出ではシンガポールを抜いてベトナムが最大の輸出先となった。輸入では，同じく，マレーシア，タイに次いで第3位である（図1-7）。

ベトナムの対中貿易（2015年）は，輸入では，アパレルやスマートフォンの生産に必要な糸・織物，電機部品等の中間財（加工品が226億ドル，部品が133億ドル）が，対中輸入の73％を占めている。電機部品で105億ドル，繊維が63億ドル，鉄鋼が57億ドルである。一方，ベトナムの対中輸出も中間財（加工品が52億ドル，部品が25億ドル）が77億ドル，対中輸出の46％を占めている。ベトナムと中国の貿易は中間財の相互取引が主流であるが，収支は圧倒的に中国の黒字超過にある。

ベトナム・中国の貿易は，ベトナムの反中感情が強い中で緊密度を増している。例えば，ベトナムの対中貿易の新たな動きとして繊維貿易に水平分業の動きが出てきていることがあげられる。中国・ASEAN自由貿易協定（ACFTA）が2010年1月に正式発効し，双方で繊維・アパレル品の関税がほとんど撤廃されたことがきっかけとなっている。具体的には，綿・綿織物貿易で，中国は綿糸（HS5205：綿重量85％以上）をベトナムから2016年に15億ドル輸入する一方で，綿織物（HS5208）を15億ドル輸出している（図1-8）。中国の綿糸輸入は，インドに代わってベトナムが最大の輸入先となっている。中国はベ

図 1-7 中国の対 ASEAN 輸出・輸入シェアの推移

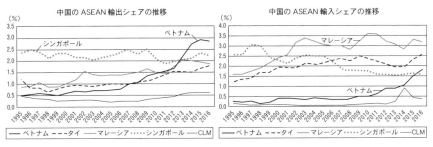

資料：中国貿易統計。

図 1-8 ベトナムと中国の綿・綿織物輸出入

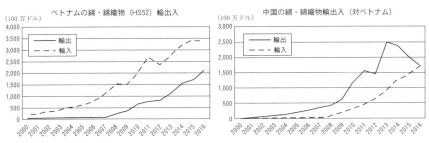

資料：各国貿易統計。

トナムに綿織物を輸出し，ベトナムは中国に綿糸を輸出する産業内分業が始まっている。これは，中国企業がベトナムに工場を開設して，中国向けに輸出を開始したことによるものと見られている。繊維貿易の相互取引が活発化している。

また，中越間の陸上輸送による貿易が，輸出入ともに拡大傾向を見せていることも中越貿易の緊密化を示すものであろう（図 1-9）。ベトナム北部の産業集積と中国南部の集積地とが，陸上輸送（自動車輸送）を通じて結びつき（部材の相互取引等）を強めていることが一因として挙げられる。

図1-9 中国の対ベトナム貿易（輸送モード別）

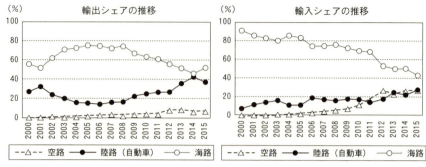

資料：中国貿易統計。

3. 韓国の脱中国と対ベトナム貿易依存度の高まり

韓国の貿易にとってベトナムは，対 ASEAN 貿易の中で最大の貿易相手先である（図 1-10）。

図1-10 韓国の対 ASEAN 輸出・輸入シェアの推移

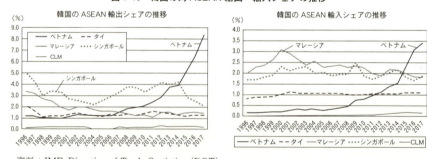

資料：IMF; Direction of Trade Statistics (DOT)。

韓国の対ベトナム貿易は，2016年の輸出額が 326 億ドル，輸入額は 124 億ドルである。輸出入ともに ASEAN の中では最大の貿易相手国である。韓国の対ベトナム輸出の大半は中間財で特に電機部品（主に半導体）が 144 億ドルと過半を占めている。電機以外では，繊維が 23 億ドル，プラスチックが 20 億ドルと加工品が続いている。

韓国の対ベトナム輸入では，消費財が約4割，54 億ドルを占めている。ア

パレルが 24 億ドル，履物が 6 億ドル，家具が 2 億ドル等である。韓国の対ベトナム貿易は，部品を輸出して，韓国企業に現地生産品を輸入する水平分業を進めている。これは韓国企業の対ベトナム投資の効果である。直接投資の貿易誘発効果として，工場立ち上げに伴う資本財輸出の拡大，工場操業に伴う部材調達で韓国からの輸出を促進する。一方，現地生産に伴う効果として，韓国の輸出を現地生産が代替する効果，現地生産品を韓国に逆輸入する効果がある。

表 1-11 は，韓国の対ベトナム輸出依存度（韓国の総輸出に占めるベトナムのシェア）を 2010 年と 2016 年を比較したものである。2016 年の輸出依存度が 2 割を超えている業種は，繊維，原皮，履物，部品。電機が 13.5％と 2000 年の 1.4％から急拡大している。

輸入依存度では消費財が高めている（表 1-12）。アパレルが 9.4％から 28.8％，履物が 12.3％から 24.8％へとそれぞれ拡大している。これらの消費財は，中国からベトナムに輸入先がシフトしている。また，電機の輸入依存度も 2000 年の 0.5％から 6.2％へと高まっている。特に電機の消費財，家電などの対ベトナム依存度が 0.3％から 21.3％へと拡大している。

韓国がベトナム貿易依存度を強めている要因は，過度な中国依存を是正する脱「中国」の動きが指摘できる。韓国経済は，過度に中国経済依存を高めたことで，中国の成長鈍化や生産過剰がもたらすマイナス効果（チャイナショック）に直面している。また，中国は，韓国の高高度ミサイル防衛システム「THAAD」配備に対して，限韓令と呼ばれる報復措置を行った。韓流スターの中国国内からの締め出し，中国人旅行客の韓国への渡航制限，韓国製の光ファイバー商品への反ダンピング関税を 5 年間延長，韓国製の自動車のバッテリーに対する補助金が制限されるなど，韓国が得意とする家電や自動車製品にも狙いを定めて揺さぶりをかけた。

こうした中国の韓国企業に対する揺さぶりによって，韓国企業は，対中輸出依存度の軽減や中国生産のリスクを回避する脱中国の動きを強めており，脱中国の受け入れ先としてベトナムに積極的に投資をしている。その規模は，2017 年で対中投資額と同じ程度の直接投資となっている。

表1-11 韓国の対ベトナム輸出依存度

業種	韓国の対ベトナム輸出依存度（主要業種・財別），シェア（%）											
	2000						2016					
	総額	素材	加工品	部品	資本財	消費財	総額	素材	加工品	部品	資本財	消費財
食糧	2.7	11.4	10.1	-	-	2.1	6.0	33.4	14.5	-	-	4.8
油脂	2.4	1.7	3.9	-	-	4.7	3.1	2.3	4.1	-	-	10.1
化学品	2.7	6.3	2.6	0.3	-	8.0	4.8	8.1	5.0	0.2	-	5.9
鉱物性燃料等	2.6	1.3	2.6	-	-	-	4.1	5.6	4.1	-	-	-
繊維	12.1	2.0	12.2	1.1	-	5.3	22.0	12.3	22.2	8.2	-	8.4
縫製品	6.4	7.9	8.5	-	-	6.2	17.2	0.1	4.7	-	-	19.5
鉄鋼	4.9	0.3	5.1	1.4	0.9	3.2	4.9	8.3	4.9	0.9	1.7	2.0
卑金属（鉄鋼を除く）	3.8	0.4	4.4	0.8	1.8	2.5	10.8	0.1	12.7	4.1	14.2	4.5
塩，硫黄，土石類	0.7	1.4	0.4	-	-	-	2.5	4.7	0.5	-	-	-
鉱石，スラグ，灰	1.0	1.0	-	-	-	-	5.0	5.0	-	-	-	-
原皮，革	13.0	-	13.1	-	-	-	27.5	1.6	27.6	-	-	-
パルプ・古紙	11.7	21.9	3.2	-	-	-	8.3	7.7	19.5	-	-	-
紙	3.5	-	3.8	-	-	2.5	7.9	-	8.1	-	-	9.7
一般機械	1.8	-	-	1.2	2.5	0.3	5.1	-	-	3.3	6.9	0.7
電機	1.2	-	1.5	1.4	0.7	0.3	11.5	-	5.4	13.5	3.3	3.1
鉄道	0.3	-	-	0.5	0.2	-	0.2	-	-	0.1	0.2	-
車両	1.6	-	-	1.2	9.7	0.9	2.1	-	-	1.9	15.5	1.2
光学機器	0.3	-	1.1	0.5	0.2	0.5	5.2	-	11.5	8.0	4.1	1.3
履物	13.9	-	-	-	-	13.9	23.6	-	-	-	-	23.6
帽子	9.7	-	32.4	-	-	0.2	19.4	-	50.8	-	-	7.0
家具，寝具等	2.8	-	2.7	6.8	1.5	4.3	5.4	-	5.2	16.3	5.3	5.9
がん具，運動用具	1.9	-	3.8	-	1.1	2.3	2.7	-	6.5	-	0.7	3.1
総計	2.1	2.8	3.9	1.2	0.9	1.6	6.6	6.0	6.8	9.7	3.8	3.0

資料：韓国貿易統計。

表1-12 韓国の対ベトナム輸入依存度

業種	韓国の対ベトナム輸入依存度（主要業種・財別），シェア（%）									
	2000					2016				
	総額	加工品	部品	資本財	消費財	総額	加工品	部品	資本財	消費財
食糧	2.9	0.4	-	-	4.3	3.9	1.0	-	-	5.1
繊維	7.0	8.1	0.1	-	1.2	8.6	10.0	0.4	-	5.3
縫製品	10.0	27.0	-	-	9.4	29.1	45.0	-	-	28.8
鉄鋼	0.4	0.4	-	0.1	2.0	1.1	1.1	0.0	0.3	5.1
卑金属（鉄鋼を除く）	0.4	0.3	0.0	0.1	1.2	1.3	0.9	0.4	0.3	5.9
革製品	3.0	-	0.1	-	3.0	6.0	-	3.9	-	6.0
毛皮	0.3	0.0	-	-	0.9	2.3	8.4	-	-	1.3
木材，木炭	4.2	2.9	-	-	7.6	13.7	8.9	-	-	15.1
組物材料製品	12.1	-	-	-	12.1	16.3	-	-	-	16.3
一般機械	0.1	-	0.1	0.1	0.2	1.5	-	2.7	0.8	1.3
電機	0.5	2.4	0.4	0.6	0.3	6.2	7.6	5.0	9.1	21.3
鉄道	0.0	-	0.0	0.0	-	0.2	-	0.4	0.1	-
車両	0.2	-	0.3	0.1	0.0	0.5	-	1.2	0.3	0.2
履物	12.3	-	-	-	12.3	24.8	-	-	-	24.8
帽子	6.2	1.8	-	-	6.4	16.9	52.9	-	-	14.3
傘，つえ	0.3	-	-	-	0.3	11.3	0.2	-	-	11.5
羽毛，人髪製品等	9.6	0.0	-	-	15.1	14.2	0.4	-	-	21.4
家具，寝具等	5.5	4.4	0.0	1.6	7.4	9.1	6.1	-	1.4	12.7
がん具，運動用具	0.8	1.9	-	0.0	0.9	2.9	4.7	-	0.1	3.1
総計	0.8	0.5	0.3	0.2	3.4	3.1	1.4	4.0	3.1	9.1

資料：表1-11と同じ。

4. 停滞する日本の対ベトナム貿易

　日本の対ベトナム貿易は，中国や韓国の対ベトナム貿易と比べて，貿易成長率で見ると停滞している。中国，韓国の 対ASEAN輸出はともに，ベトナムが最大の輸出相手国に台頭しているが，日本はタイが依然としてASEANの中で最大の輸出先である（図1-11）。

　日本の対ベトナム貿易が停滞している要因としては，第1に消費財輸入で，対中輸入から対ベトナム輸入に切り替えが進んでいないことが挙げられる。例えば，アパレル輸入について，日本は韓国とは異なり対中依存が高い（図

図1-11 日本の対ASEAN輸出・輸入シェアの推移

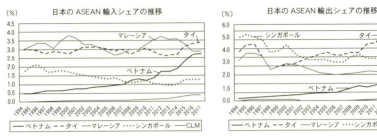

資料：日本貿易統計。

図1-12 日本と韓国の縫製品輸入シェア（上位3ヵ国）

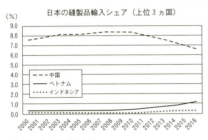

資料：各国貿易統計。

1-12）。

　第2は日本企業のベトナム投資の変化である。日本企業による対ベトナム投資は，現在第3次投資ブームにある[3]。第1次ブームは，米国による対越経済制裁の解除，米越国交正常化を踏まえた90年代半ば頃から97年7月のアジア通貨・経済危機発生までの期間で，南部ホーチミンを中心に労働集約型製造業分野での投資案件が増加した。第2次投資ブームは，2000年代初頭から2008年9月のリーマンショック発生頃までの期間で，北部ハノイにもキヤノンなど日本の大型製造業投資が増加し，2000年代半ば以降は中部ダナンへの製造業投資案件も増加した。

5. 低調なベトナムの対ASEAN貿易

　ベトナムの貿易に占める対ASEANのシェア（2016年）は，輸出で9.9％，

輸入が 13.8％といずれも低い（表 1-13）。ベトナムの ASEAN 域内輸出額は，2010 年の 104 億ドルから 2016 年には 174 億ドルとこの間の増加額は僅か 70 億ドルである。一方，域外輸出の増加額 972 億ドルである。ベトナムの ASEAN 域内輸入額は，2010 年の 164 億ドルから 2016 年の 240 億ドルと僅か増加額は 76 億ドル，域外輸入の増加額の 9.2％に過ぎない。ベトナムの対 ASEAN 貿易は ASEAN 域外貿易と比べて停滞している。

ベトナムの財別対 ASEAN 輸出額（2016 年）は，加工品が 63 億ドル，消費財が 40 億ドル，業種別では食料品，電機（資本財，部品），鉄鋼が主な輸出品である。同じく対 ASEAN 輸入（2016 年）は加工品が 123 億ドルで最も大きく，次いで部品が 41 億ドル，消費財が 45 億ドルとなっている。加工品では，

表 1-13　ベトナムの ASEAN 域内貿易シェア（財別業種別）2016 年
財・業種貿易に占める ASEAN のシェア（依存度）

業種　HS 2 桁品目名	ベトナムの貿易に占める ASEAN のシェア（％）											
	輸出						輸入					
	総額	素材	加工品	部品	資本財	消費財	総額	素材	加工品	部品	資本財	消費財
鉱物性燃料	34.7	23.6	68.5	–	–	–	53.6	22.0	58.8	–	–	–
食糧	11.1	7.9	25.3	–	99.1	10.6	18.3	4.3	12.9	–	14.2	31.0
油脂	27.4	3.7	45.8	–	–	74.5	41.8	7.2	84.5	–	–	60.7
化学品	18.8	15.0	19.8	16.1	–	19.3	16.7	68.7	17.1	43.1	–	10.2
繊維	18.3	8.5	18.3	61.9	–	11.7	4.6	0.1	5.1	6.2	–	9.8
縫製品	1.2	4.2	13.9	–	–	1.0	6.6	62.1	5.9	–	–	6.1
鉄鋼	33.3	4.3	34.6	24.3	24.7	5.7	4.6	7.9	4.0	4.5	26.5	15.2
その他原料及び製品	13.6	2.4	24.6	5.4	38.2	2.4	16.4	12.5	17.4	3.2	24.9	22.3
機械類　84　一般機械	11.3	–	–	15.6	9.5	23.8	13.3	–	–	9.5	8.1	85.4
85　電気機器	8.7	4.5	18.0	10.6	6.1	18.3	8.1	4.6	12.6	7.4	6.3	29.4
87　車両	24.8	–	–	18.2	12.9	39.9	25.5	–	–	22.9	32.3	17.2
89　船舶	13.3	–	–	–	0.4	23.9	5.6	–	–	–	6.4	10.7
90　光学機器	5.7	–	4.7	7.4	9.5	1.4	8.2	–	13.2	9.1	5.4	4.0
機械類 計	9.4	4.5	9.3	11.6	6.7	20.2	10.5	4.6	13.0	8.4	8.9	43.2
雑製品　64　履物	2.6	–	–	–	–	2.6	3.8	–	–	–	–	3.8
94　家具，寝具等	3.4	–	25.0	1.4	2.7	1.0	12.4	–	8.9	60.4	9.8	12.2
雑製品 計	3.3	–	14.1	1.4	2.7	2.5	7.4	–	4.7	60.4	8.8	8.4
総計	9.9	12.4	22.9	11.7	6.8	5.6	13.8	9.1	16.8	8.7	9.1	25.1

資料：ベトナム貿易統計より作成。

表 1-14　ベトナムの ASEAN 貿易に占める CLM のシェア（財別業種別）2016 年

業種　HS 2 桁品目名	ASEAN 域内貿易に占める CLM のシェア（%）											
	輸出						輸入					
	総額	素材	加工品	部品	資本財	消費財	総額	素材	加工品	部品	資本財	消費財
鉱物性燃料	41.3	1.5	831	–	–	–	1.6	4.1	1.4	–	–	–
食糧	12.5	8.1	32.6	–	100.0	9.1	18.4	30.2	3.2	–	–	21.7
油脂	64.6	3.2	69.7	–	–	64.4	4.4	47.6	0.0	–	–	–
化学品	30.0	7.5	31.6	27.5	–	36.0	4.2	73.7	1.2	0.0	–	0.4
繊維	37.8	0.7	38.8	5.4	–	16.2	2.8	–	2.8	0.0	–	0.1
縫製品	6.8	7.0	17.6	–	–	4.6	9.9	0.1	–	–	–	11.2
鉄鋼	37.5	–	37.6	73.9	32.1	40.9	1.1	0.6	1.3	–	–	0.2
その他原料及び製品	18.1	12.5	16.5	54.7	79.4	13.3	13.3	38.2	11.5	–	15.9	0.1
機械類　84　一般機械	6.0	–	–	3.7	7.0	4.6	0.1	–	–	0.0	0.1	0.1
85　電気機器	3.2	–	29.2	2.3	1.8	1.1	0.4	–	1.0	0.1	2.1	0.4
87　車両	26.9	–	–	13.1	60.7	39.8	0.2	–	–	0.0	–	0.2
89　船舶	0.9	–	–	–	4.7	35.5	–	–	–	–	–	–
90　光学機器	3.1	–	1.6	6.0	4.6	0.5	1.5	–	2.3	0.0	1.1	0.0
機械類　集計	5.3	–	19.8	3.4	3.3	12.8	0.4	–	2.7	0.1	0.5	0.3
雑製品　64　履物	20.9	–	–	–	–	20.9	10.9	–	–	–	–	10.9
94　家具, 寝具等	38.4	–	39.8	10.5	41.7	33.2	0.2	–	0.3	–	0.3	0.5
雑製品　集計	29.2	–	44.2	10.5	40.2	23.1	2.0	–	0.4	–	1.8	3.2
総計	18.0	4.3	35.4	4.5	4.8	14.1	4.8	32.5	3.4	0.0	0.7	9.3

資料：ベトナム貿易統計より作成。

　鉱物性燃料（ガソリンなど）が 39 億ドル，化学品が 33 億ドル，部品では電機部品 28 億ドル，消費財では食料が 18 億ドルとなっている。

　ベトナムの主力輸出品である縫製品の輸出に占める ASEAN のシェア（ASEAN 市場依存度）は 1.0％，電機（資本財）では 6.1％と ASEAN を輸出市場としていない。ベトナムの輸出で ASEAN 市場依存が高いのは，鉱物性燃料（ASEAN 域内輸出依存度は 68.5％）鉄鋼（同 34.6％），油脂（同 45.8％）等の加工品である。

　他方，輸入で ASEAN 域内依存度が高い財は，消費財の 25.1％である。一般機械（ASEAN 域内輸入依存度 85.4％），油脂（同 31.0％），食料（同 60.7％），電機（同 29.4％）等の消費財である。ベトナムの主力輸入品の

ASEAN域内依存度は，電機部品は僅か7.4％，繊維は5.1％，鉄鋼は4.0％とほぼASEAN域外から調達に頼っている。

ベトナムにとってのASEAN域内貿易は，輸出では鉄鋼，鉱物性燃料等の加工品の輸出市場であって消費財や資本財の最終財の輸出市場ではない。また，輸入では食料や電気製品の消費財を輸入している。携帯電話や縫製品に必要な部材調達はASEAN域外に依存している。ベトナムの主力輸出産業とASEAN域内貿易との連関性は希薄である。

また，ベトナムの対CLM（カンボジア，ラオス，ミャンマー）貿易は，ベトナムのASEAN域内貿易に占めるシェアで，輸出が18.0％，輸入が4.8％と僅かである（表1-14）。ベトナムの対CLM輸出額は31.3億ドル，内訳は加工品のシェアが大きく，対ASEAN輸出の35.4％を占めている。加工品の中では，鉱物性燃料（ガソリンなど）が最大で，次に鉄鋼，繊維，化学品と続いている。ベトナムの鉱物性燃料のASEAN域内輸出の83.1％がCLM向けである。同じく繊維は38.8％を占めている。消費財では，食料とオートバイの輸出金額が大きく，特にオートバイ輸出のCLM依存度が高い。

ベトナムの対CLM輸入額は11.6億ドル，内訳は食料品（4.7億ドル）が40.8％，化学品（1.7億ドル，主に天然ゴム）15.3％とこの2つで過半を占めている。ベトナムの対ASEAN輸入に占めるCLMのシェアは4.8％と僅かであるが，素材は32.5％を占めて大きい。これは，天然ゴムの輸入である。

ベトナムとCLMとの貿易は，ベトナムが加工品を輸出し，CLMからは素材を輸入する関係であるが，ASEAN域内貿易での存在感は低い。

第4節 展　　望

1．かつての中国と相似するベトナムの貿易収支構造

ベトナムは，貿易収支の恒常的赤字に苦しんでいた。とりわけ2007年のWTO加盟以降にベトナムの貿易収支赤字は拡大し，2008年に赤字額は180億ドルを超えた。2009年，2010年はやや縮小したものの，それでも120億ドルを超える貿易赤字を計上していた。産業基盤が弱いベトナムはWTO加盟に

より保護政策を取れなくなってしまったことが，貿易赤字の拡大の要因となっているものと見られていた。ベトナムのWTO加盟は時期尚早ではなかったかという見方も出ていた。

ところが，ベトナムの貿易収支は，2012年に7億4,900万ドルの黒字を計上した。これは，1993年以来19年ぶりのことであった。2013年も僅かであるが300万ドルの黒字，2014年も21億ドルの黒字を計上し，黒字が定着化し始めた。

表1-15　ベトナムの輸出・輸入・収支（GDP比）

相手国・地域	輸出GDP比（％）				輸入GDP比（％）				収支GDP比（％）			
	1990	2000	2010	2016	1990	2000	2010	2016	1990	2000	2010	2016
日本	5.3	8.3	6.9	7.6	2.6	7.4	8.0	7.3	2.6	0.9	-1.1	0.3
中国	0.1	4.9	6.5	13.1	0.1	4.5	17.8	23.1	0.0	0.4	-11.3	-10.0
韓国	0.4	1.1	2.7	5.7	0.8	5.6	8.7	16.1	-0.4	-4.5	-5.9	-10.4
米国	0.0	2.4	12.6	18.6	0.0	1.2	3.3	5.5	-0.0	1.2	9.3	13.1
ASEAN10	5.4	8.4	9.2	10.8	8.3	14.3	14.5	12.8	-3.0	-5.9	-5.4	-2.0
インドネシア	0.2	0.8	1.3	2.1	0.2	1.1	1.7	1.6	0.1	-0.3	-0.4	0.5
マレーシア	0.1	1.3	1.9	1.7	0.0	1.2	3.0	2.8	0.1	0.1	-1.2	-1.1
フィリピン	0.9	1.5	1.5	2.0	0.1	0.2	0.6	0.5	0.8	1.3	0.9	1.5
タイ	0.8	1.2	1.0	1.8	0.3	2.6	5.0	4.4	0.5	-1.4	-3.9	-2.6
EU	3.7	9.6	10.1	16.7	5.4	4.4	5.6	5.9	-1.7	5.2	4.5	10.9
世界計	39.0	46.5	62.3	92.9	43.9	50.2	73.9	93.4	-4.9	-3.7	-11.6	-0.5

資料：名目GDP: IMF; World Economic Outlook Datebase(WEO).
　　　輸出入：IMF; Direction of Trade Statistics(DOT).

黒字が定着しているベトナムの貿易収支構造は次のような特徴がある。

第1に，ベトナムの貿易収支は，欧米に対して大幅黒字，対中，韓国に対しては大幅赤字になっている。貿易収支（対GDP比）は，2010年の▲11.6％から2016年は▲0.5％に改善している。これは，対米黒字幅（9.3％→13.1％）と対EU黒字幅（4.5％→7.8％）が拡大しているためである。懸案であった対中赤字幅（▲11.3％→▲10.0％）は小幅ながら改善する一方で，電子部品の対韓輸入依存を強めている対韓貿易で赤字幅（▲6.0％→▲10.4％）が悪化している（表1-15）。貿易収支の黒字は対欧米輸出に依存している。

第2は，ベトナムの貿易黒字は，外資系企業に頼っていることである。2013年の外資系企業の輸出額は884億ドル（前年比22.4％増），ベトナムの輸出額の66.9％を占めた。輸入額は745億ドル（24.2％増）で，その結果，外資系企業による貿易収支は140億ドルの黒字となっている。

　第3は，財別貿易収支では，中間財が赤字，最終財は黒字となっていることである（表1-16）。

　このベトナムの貿易収支構造は，2000年当時の中国の貿易収支構造と似ている（表1-17）。2000年の中国の財別貿易収支は，加工品と部品が赤字，部品は電子部品が大幅赤字，消費財が大幅黒字となっていた。部材を輸入して製品を輸出する加工型貿易で稼いでいた。現在のベトナムと同じ構造であった。

　消費財の黒字は，アパレル，履物の労働集約財が稼ぎ出していたことも今のベトナムと似ている。また，資本財の黒字幅は，IT機器の輸出拡大によるものであった。当時の中国はコンピュータ機器，今のベトナムは携帯電話である。なお，資本財の黒字幅は，ベトナムの方が2000時点の中国よりは大きい。

　中国も貿易黒字は外資系企業がもたらしている[4]。2001年には，中国の輸出に占める外資系企業のシェアは2000年に47.9％，2001年には50.1％と初めて過半を占め，以降，外資比率が高まる。ベトナムは当時の中国より貿易の外資依存度が高い。

表1-16　ベトナムの貿易収支（2016年）

（単位：10億ドル）

相手国	総額	素材	加工品	部品	資本財	消費財
ASEAN10	-7	0	-6	-1	1	-1
タイ	-5	0	-3	-1	-0	-1
日本	-0	0	-3	-2	-2	6
中国	-28	2	-17	-10	-7	3
韓国	-21	0	-10	-12	-3	3
香港	5	-0	1	3	1	1
インド	-0	0	-0	0	0	-0
米国	30	-1	1	0	6	24
EU28	23	1	-1	1	12	11
世界計	2	-1	-46	-23	17	55

　資料：ベトナム貿易統計。

2. ベトナムは中国を超えられるか

中国の貿易黒字幅は，2016年には6,106億ドルと2000年比で30倍増に膨れている。赤字であった加工品貿易は，繊維や鉄鋼の黒字化したことで赤字構造から黒字構造に転換した，資本財の貿易黒字は，コンピュータに携帯電話などの新製品が加わり78.8倍増と膨張した。消費財の黒字も4.8倍増と拡大しており，賃金高騰にもかかわらず労働集約財産業は黒字を維持している（表1-17）。

表1-17 中国の貿易収支（2000年，2016年）

（単位：10億ドル）

相手国	2000					
	総額	素材	加工品	部品	資本財	消費財
ASEAN10	-5	-2	-4	-3	1	3
タイ	-2	-0	-1	-1	0	-0
ベトナム	1	-1	1	0	0	0
日本	0	2	-9	-9	-4	21
韓国	-12	2	-11	-3	-1	2
香港	35	0	9	5	6	15
インド	0	-0	0	0	0	-0
米国	30	-2	1	0	4	27
EU28	10	-1	0	-6	1	16
世界計	24	-21	-34	-22	5	99

相手国	2016					
	総額	素材	加工品	部品	資本財	消費財
ASEAN10	80	-19	58	-27	31	37
タイ	-0	-3	2	-4	2	3
ベトナム	34	-2	24	1	6	4
日本	-16	-1	-17	-26	-5	33
韓国	-63	1	-17	-56	-5	13
香港	286	-0	35	100	110	50
インド	48	-2	16	13	15	7
EU28	135	-8	24	1	59	67
米国	256	-24	36	30	98	127
世界計	611	-306	179	-65	366	478

資料：中国貿易統計。

さらに，中国は，輸出市場を米市場，欧州市場に加えて，ASEAN等の新興市場を開拓して輸出市場の多角化を進めたことも貿易黒字の拡大に貢献している。また，地場企業の育成による外資企業依存の低下や加工貿易の低下（中国でいち早く改革開放の拠点となった広東省では，輸出に占める加工貿易のシェアは2001年の80.2％から2014年には49.6％までに低下）なども指摘できる。

ベトナムは，中国の様な豊富な労働力人口や巨大な国内市場を擁しているわけではなく，経済的条件は異なる。中国の真似は出来ないが，その方向性は，ベトナムが参考にすべき事例であろう。

まず，第1に，縫製品等の労働集約財の競争力維持・強化である。ベトナムの課題は，縫製品の生地やボタン，ファスナーなどの副資材の多くを輸入に頼っているため，付加価値のある製品を製造できていない。縫製品関連の周辺産業の現地化が課題である。同様なことは，携帯電話等のIT機器産業でも同様である。半導体などの電子部品はASEAN域外輸入に依存している。これを現地生産化することだけでも，ベトナム生産の付加価値を高めることができよう。加工品，部品の現地調達は，中間財貿易収支の改善につながる。

第2は，製品の輸出市場である米国，EUとは，安定した経済関係を構築することである。ベトナムはEUとのFTA（EVFTA）を2015年12月に最終合意に達し，2018年に発効が予定されている。EVFTAは物品だけでなく，投資やサービスなどの広範囲に及び，最終的に両国の貿易額と品目数の99％で関税が撤廃される見通しである。

他方，米国とはTPPで広域FTAを締結する予定であったが，米国のTPP離脱により優遇関税で対米輸出ができる機会を失った。保護主義色を強めているトランプ政権といかに協調的に対米輸出を進めることができるかどうかであろう。

第3は，輸出市場の多角化である。輸出市場の欧米依存を緩和して，新興市場の市場開拓を進めることである。ベトナムが新興国と締結しているFTAは，ASEANに加えてチリ，ロシア，中央アジアの諸国と限られている。FTAを締結すれば，貿易が拡大するわけでもないが，新興市場開拓にとっては大きな武器となろう。

第4は，地場企業の育成である。2000年代はじめの中国企業の輸出品は，

発展途上国向けに通信機器など限られた製品であった．それが，WTO加盟を契機として外資の対中進出が激増して，中国企業も輸出競争力を強化することができた．ベトナムも外資の導入で地場企業の輸出競争力強化につながるような取り組みをすべきである．

3. おわりに　ASEAN貿易におけるベトナム台頭の含意

ASEANの新輸出大国としてのベトナム台頭の含意は，次の3点が指摘できる．

第1は海のアジアの経済発展の再構築である．東アジアの経済発展は，日本経済の発展を「核」として60年代に始まり，アジアNIES，次にASEAN先発国，そして中国の沿海部へと，いわゆる雁行形態的発展を遂げた．その特徴は，日本海から東シナ海と南シナ海を経てジャワ島に至る沿海部の特定地域に関連産業の企業が集中して産業集積の厚みを増して経済発展を遂げたことである．中国の広東省ではパソコン・IT機器，自動車，タイではピックアップトラックやHDD，マレーシアではテレビ，半導体など電子部品などの産業が集中している．同一の産業が集積すると，その産業に必要な多様な中間投入財を生産する専門分化した企業が集まり，分業のネットワークが形成される，その産業に属する企業が更に集まってくるという好循環が発生する．こうした産業集積が，東アジアでは沿海部沿いの「海のアジア」を中心に構築されて，地域としての競争力を増した．

中国がWTOに加盟した2001年以降には，中国沿海部に世界からの投資が集中して世界の工場となり，東アジアの周辺国から部材を調達し，中国で加工した製品が欧米市場に輸出するパターンが，強化された．この2000年代初頭の中国の台頭により，日本経済の発展を核とした東アジアの雁行形態的発展は終焉し，次に中国の工業化が「海のアジア」の経済発展の原動力となった．

2000年代央になると，中国沿海部の賃金上昇や中国の投資受入れ政策の見直し，内陸部振興策などにより，中国に代わるもう1つの生産拠点を探す動き，チャイナ・プラスワンが顕在化した．ベトナムがその受け皿となった．

第2は，「海のアジア」の経済発展は，外資系企業の投資により沿海部で工業化を進め，欧米市場に製品を輸出する外資主導の輸出志向型成長によるもの

である。ベトナムの輸出も ASEAN 域外輸出が牽引力となって拡大したが，それを主導したのは，韓国企業や中国企業である。新たなプレイヤーが登場している。

　第 3 は，「陸のアジア」との連結性である。ベトナムは，南シナ海に面して総延長 3,444km の海岸線を持つ「海のアジア」である一方で，メコン地域とも陸続きの「陸のアジア」に属している。ベトナムとタイや CLM などの「陸のアジア」との貿易は，金額的にも少なく，生産分業の芽もまだ，出ていない。しかし，ASEAN 経済共同体の発足と国境を跨ぐインフラの整備により「陸のアジア」との貿易拡大が期待される。また，ベトナムにおける相次ぐ量産工場の設立で，労働者の確保難や賃金上昇が予想される。こうした動きは，CLM など周辺国への生産シフトを促す一因となろう。ベトナムが「陸のアジア」の経済発展のハブになることも予想できよう。

（大木博巳）

注
1　大木博巳 (2018)。
2　藤田麻衣 (2012)。
3　川田敦相「第 3 次投資ブーム下での日本企業のベトナム進出 〜 ITI アジアサプライチェーン研究会報告 (1) 〜」フラッシュ 344，2017 年 8 月 9 日。
4　2000 年初めの中国の輸出品に占める外資系のシェアを品目別に見ると，外資系のシェアが特に高いのはコンピュータ製品であった。2001 年において輸出額が最大の外資系企業は，台湾系の Foxconn（富士康科技集団），次にモトローラ中国電子，長城国際情報産品（IBM），北京ノキア，東莞ノキアと欧米勢が続いていた。

参考文献
ITI (2016)『メコンはチャイナ +1，タイ +1 の機会を生かせるか』国際貿易投資研究所調査研究シリーズ No.26。
ITI (2017)『踊り場のメコン経済，現状と展望〜貿易，物流，産業人材育成〜』国際貿易投資研究所調査研究シリーズ No.49。
天野倫文・大木博巳 (2007)『中国企業の国際化戦略』ジェトロ。
稲垣博史 (2015)「ベトナムは AEC の負け組なのか」みずほ総合研究所『みずほインサイト』。
大木博巳 (2017)「ベトナムの輸出：停滞するタイ，躍進するベトナム〜 ITI アジアサプライチェーン研究会報告 (7) 〜」国際貿易投資研究所『ITI フラッシュ，358』。
大木博巳 (2017)「ベトナムにおける鴻海とサムスン，チャイナ + 1 の本命はベトナム」国際貿易投資研究所『ITI フラッシュ，349』。
大木博巳 (2018)「ASEAN 貿易におけるベトナム台頭の含意」『国際貿易と投資』No.112。
大西勝明 (2016)「ベトナムの工業化と AEC の結成」専修大学商学研究所報。
ジェトロ (2016)「ベトナムと中国の生産ネットワークの課題」。
藤田 麻衣 (2012)「WTO 時代のベトナムの工業化」『転換期のベトナム』アジア経済研究所。

第2章
日本企業のベトナム進出動向と今後の展望
―製造業関連分野を中心に―

要約

　日本企業のベトナム進出にはこれまで3次に亘るブームがあり，現在も第3次投資ブームの最中にある。日本の製造業企業によるベトナムへの進出は，従来，同国内市場の狭隘さから日本向け等の輸出指向型案件が大宗を占めていた。しかしながら，最近ではベトナム消費市場の拡大から内需指向型案件や，既進出日系企業による拡張・再投資案件が数多く見られるようになっている。ASEAN域内関税撤廃が進みベトナムも2018年1月自動車等の域内関税が撤廃されたものの，同国では裾野産業が十分育成されておらず，進出日系企業の現地調達率は依然低率に留まっている。一方で，日系製造業企業を取り巻くベトナム事業環境は，外資規制の緩和やインフラ整備の進展等から改善傾向にある。「法制度の未整備・不透明な運用」など投資環境上の問題を抱えつつも，ベトナム事業を通じた売り上げ増加，同国の成長潜在性の高さ等から，進出日系企業の多くはベトナムでの事業拡大を意図している。環太平洋パートナーシップに関する包括的及び先進的な協定（CPTPP，通称：TPP11），東アジア包括的経済連携（RCEP）など日越両国が参加する自由貿易圏の今後の形成見通し等と相俟って，日本企業によるベトナムでの円滑な事業展開の拡大・深化が期待される。少子高齢化といった構造的な問題を抱える日本にとって，製造業関連分野でのベトナム人材活用など同国との相互補完関係の更なる構築が不可欠と思われる。

はじめに

　日本の対ベトナム直接投資の推移をみると，(大きさに差異はあるものの) これまで3次に亘る投資ブームが見られる。第1次投資ブームは米国が対越経済制裁を解除した1990年代前半～97年7月2日のタイ通貨バーツ下落に端を発するアジア通貨・金融危機発生まで，第2次投資ブームはアジア通貨・金融危機からの確たる回復をみた2000年台前半～リーマンショック発生の2008年9月まで，第3次投資ブームはリーマンショックから立ち直った2010年代で，そのセンチメントは現在も続いている (図2-1参照)。

　本章では先ず日本企業のベトナム進出の推移を概観した上で，製造業関連分野を中心に日本企業の進出状況や形態別の特徴，ASEAN域内関税撤廃の影響，製造業関連サービス分野での日本企業の進出状況，更には，ベトナムの投資環境上のメリットやリスクについて考察しつつ，日本企業の今後の事業展開の方向性について展望することにしたい。

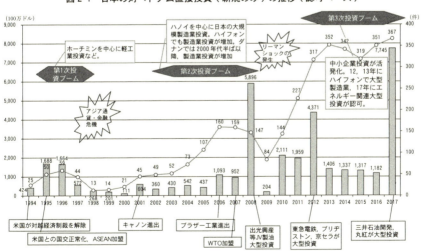

図2-1　日本の対ベトナム直接投資 (新規のみ) の推移 (認可ベース)

出所：外国投資庁 (FIA) データを基にジェトロ作成。

第1節　日本企業のベトナム進出の推移

　1986年12月のベトナム第6回共産党大会でのドイモイ（刷新）政策の採択，翌87年の外資導入法の制定以降，日本企業，とりわけ製造業企業の中にベトナムを新たな投資先として意識・検討し始める機運が徐々に見られ始めるようになってきた。タイのチャチャイ首相（当時）が，同国の高成長と東西冷戦の終焉を背景に"インドシナを戦場から市場へ"をキャッチフレーズにタイ通貨バーツを主軸に据えた市場統合「バーツ経済圏」構想を打ち出したのもドイモイ政策採択直後の1988年であった[1]。実際，筆者自身1989年7月のベトナム現地調査実施[2]に際し，「日本企業は視察には沢山来る。しかしながら，投資はしない」（ベトナム商工会議所関係者）との声が現地で聴かれた。これは，日本企業のベトナムへの関心が高まる一方で，米国による対越経済制裁がネックとなり，風評（レピュテーション）リスクから日本企業（特に米国との事業関係を有する大手製造業企業）が積極的にベトナムで事業を展開することが困難であったためである。しかしながら，米国の対越経済制裁が解除（1994年）され，米越国交正常化やベトナムのASEAN加盟（各々1995年）が現実味を帯びてきた1990年代前半から，97年7月のアジア通貨・金融危機発生まで，第1次投資ブームと呼ぶに値する日本企業による対ベトナム投資が見られた。この時期においては，ベトナム随一の商業都市である南部ホーチミン市を中心に軽工業，労働集約型分野での製造業投資が多くなされた。これは同市が南ベトナム時代に開放経済を経験していたことから1990年代に日本企業が南部への進出を選好する向きが強かったためであり，ベトナム他地域よりいち早く外資系企業の進出が目立ち始めた。1991年，ホーチミン市につくられたタントゥアン輸出加工区（SEZ）はベトナムで最も古い工業団地の一つであり，日本企業の進出案件も散見された。また，日系製造業者の多くはホーチミン市内から1時間圏内のドンナイ省やビンズン省にも数多く進出した。一方，1994年に野村アジアインベストメント出資による野村ハイフォン工業団地が北部港湾都市ハイフォンに設けられるなど一部インフラ整備の進展を踏まえ輸出指向

型の製造業投資案件も見られた。

　日本企業による対越投資は，90年代の急速な円高による海外シフトと相俟って，1995年にセメント，家電，自動車，バイク関連など大手メーカーによる進出が見られた。

　その後，97年7月のアジア通貨・金融危機発生によりASEAN，韓国など東アジア経済が混乱した影響もあり，日本からの投資も一時減少した。

　第2次投資ブームはアジア通貨・金融危機からの回復を経て，2000年代前半〜リーマンショックが発生した2008年9月までの期間である。この時期にはホーチミン・同周辺はもとより，ハノイやハイフォンも投資環境整備が進展し，製造業分野での投資案件が増加。先述の野村ハイフォン工業団地や，97年2月ハノイ郊外に住友商事によって設立されたタンロン工業団地への日本企業による進出が加速度的に増加した。とりわけ，日本の製造業企業による大型進出案件として2001年キヤノンがタンロン工業団地にプリンター工場を設けたことが日本企業のベトナム進出に拍車をかける契機となった。また，2001年末の米国向け輸出の増加に資する米越通商協定の発効もベトナムの投資先としての魅力の高まりに資するものになったと言えよう[3]。

　さらには，2007年1月のベトナムによる世界貿易機関（WTO）加盟前後の2006〜2008年に第2次投資ブームのピークと言える程，数多くの日本企業による投資認可案件が見られた。2006年にはハノイに隣接するフンイエン省で住友商事による第2タンロン工業団地の第1期工区（フェーズ1）も完成している。2000年代半ばには中部ダナンへの労働集約型を中心とした製造業投資案件も見られるようになり，2008年10月にダナン日本商工会（JBAD）が設立されている[4]。また，2008年には日本企業の最大の投資認可案件で出光興産や三井化学等が出資する北方中部タインホア省ギソンでの石油精製プロジェクトが認可されることになる[5]。

　一方，2008年9月のリーマンショックの発生で，世界経済に暗雲が立ち込め2009年の日本企業による対越投資機運が大幅に減退した。

　第3次投資ブームは，リーマンショックから立ち直った2010年代で現在まで至る。2012，13年にはハイフォンで富士ゼロックスなど大型製造業案件が見られ，2017年にもエネルギー関連で3件の大型投資案件（①三井石油開発

によるキエンザン省でのオモンガスプロジェクト「ブロックB」でのガスパイプライン建設，② 丸紅によるタインホア省でのギソン第2石炭火力発電所建設，③ 住友商事によるカインホア省でのバンフォン第1石炭火力発電所建設案件）が認可された。この時期においては，製造業のみならず，非製造業分野での中堅・中小規模の投資案件も多くみられるようになった。

2012年以降の日本の対ベトナム直接投資（認可ベース）は件数ベースでは400，500件台と数多くの案件数で推移していた（図2-2参照）。しかしながら，2014～16年にかけて日本からの対ベトナム直接投資額（認可ベース）は20億ドル前後に低迷し，中堅・中小規模の投資案件が大宗を占めた。国・地域別に見ると，2017年は，件数ベースでは第1位の韓国に大きな差をつけられていたが，先述の3つの大型プロジェクト等により86億4,000ドル（新規・拡張とも）と金額ベースで日本は第1位に返り咲いた。

製造業部門での日本からの投資（認可額ベース）をみると，件数ベースでは数年来全体の2～3割程度に留まっている。ちなみに，2017年投資認可367件のうち，製造業は88件（24％）に過ぎず，コンサル等69件（19％），小売

図2-2 日本の対ベトナム直接投資（新規，拡張ともに含む）の推移（認可ベース）

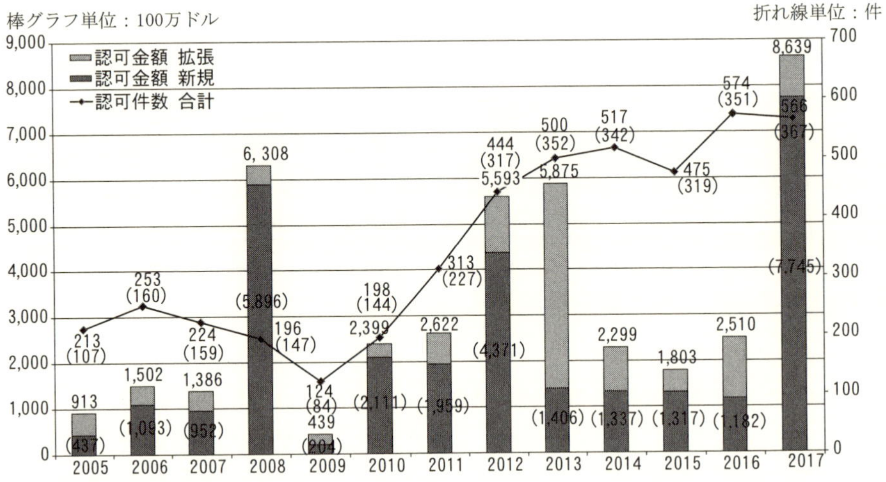

[棒グラフ単位：100万ドル、折れ線単位：件]

年	認可金額 新規	認可金額 合計	認可件数 合計
2005	(437)	913	(107) 213
2006	(1,093)	1,502	(160) 253
2007	(952)	1,386	(159) 224
2008	(5,896)	6,308	(147) 196
2009	(204)	439	(84) 124
2010	(2,111)	2,399	(144) 198
2011	(1,959)	2,622	(227) 313
2012	(4,371)	5,593	(317) 444
2013	(1,406)	5,875	(352) 500
2014	(1,337)	2,299	(342) 517
2015	(1,317)	1,803	(319) 475
2016	(1,182)	2,510	(351) 574
2017	(7,745)	8,639	(367) 566

注：（ ）内数値は新規案件。
出所：外国投資庁（FIA）データを基にジェトロ作成。

流通64件（17%），IT52件（14%），建設19件（5%），倉庫・運輸16件（4%），教育（4%），ホテル・飲食（4%）等となっている。製造業88件の認可額の規模でみても，8割弱を占める69件が500万ドル未満の中堅・中小規模の投資案件であった。

第2節　形態別に見たベトナム進出日系製造業企業の動向

　日本の製造業企業のベトナム進出状況について，以下，形態別に概観する。

1. 輸出指向型製造業

　ベトナムへの日本製造業企業の進出案件は，従来，ベトナム国内市場の狭隘さから輸出指向型の案件が大宗を占めていた。また，ジェトロ調査によれば，ベトナム進出日系メーカーの輸出先の割合をみると，日本向けの割合の高さが際立っていることが伺える。2017年調査では，ベトナム進出日系企業446社のうち約6割（59.3%）の輸出先が日本向けで，フィリピン進出日系企業（53.2%），タイ進出日系企業（40.4%），インドネシア進出日系企業（39.2%），マレーシア進出日系企業（27.5%）と比べ，高い割合となっている[6]。ベトナムを輸出拠点として活用する大手日系メーカーとして，北部ではキヤノン，ブラザー，パナソニック，京セラ，南部では富士通，日本電産などが挙げられる。

　その他，縫製メーカーのマツオカが，2014年9月のハノイ・ラオカイ高速道路の開通を見据え，同高速道路沿線に位置するフート―省のフーハー工業団地に進出。16年9月，工場の開所式を行い，大手日系衣料業者から日本向けスラックス等アパレル製品の委託生産等を行っている。

　最近では，ニトリホールディングスが，バリアブンタウ省に日本向けホームファニシング，ホームファッション商品の生産拠点を設立している[7]。

2. 内需指向型製造業

　一方で，ベトナムの所得水準の上昇を踏まえ，国内消費需要の開拓を意図し

た地産地消型の食品や生活必需品の生産に従事する大手製造業企業の進出案件も増えている。また，内需指向型企業進出に限った話ではないが，ベトナム各地での工業団地や高速道路の整備が，日本企業のベトナムへの進出を決める際の主因のひとつとなった事例も見られる。

一例として，湖池屋がドンナイ省で双日や大和ハウス工業等が開発したロンドゥック工業団地にスナック菓子「カラムーチョ」の生産工場を建設し，17年10月より国内での販売を開始。また，ダイキン工業は住友商事が開発した先述の第2タンロン工業団地に住宅用エアコン生産拠点を設立し，18年5月より本格稼働が始まっている。同社は急速に需要が拡大する空調市場にタイムリーにインバーター付きエアコンといった高品質な商品を供給している。2020年までには100万台生産体制を整える，とされる[8]。

3. 拡張・再投資案件

また，ベトナム進出日系製造業企業によるベトナム国内での拡張・再投資の動きも顕在化している。

ドンナイ省進出のマブチモーターベトナムは，自動車電装機器用小型モーターの生産設備及び部品の生産に従事する分工場を，2018年2月，同省内のアマタ工業団地に新設する旨，公表（19年第3四半期に操業開始予定）。

また拡張・再投資先は，必ずしも同じ省内という訳ではない。ベトナム国内での増産体制構築条件として，それに見合った労働力の確保が可能な土地柄であることはもとより，労働コスト低減の観点から，最低賃金のより安価なエリア[9]への進出を目指すケースが多くみられる。

例えば，自動車用ワイヤーハーネス製造の矢崎総業は，ベトナム北部では2001年ハイフォンにマザー工場（矢崎ハイフォンベトナム）を設立し，隣接するタイビン省の分工場（2012年）に加え，クアンニン省にも分工場を開設（15年3月）。同品目生産の住友電装も，ハノイ，ハイズン省，ハナム省といった北部に生産拠点を有している。

一方，前述の通り，国内インフラ整備も地方省への進出を後押しし，中部でも18年9月のダナン・クアンガイ高速道路の全面開通を見据え，クアンガイ省のテンフォン工業団地にフォスター電機が進出するケースが見られた。スミ

ダコーポレーションも，低コスト生産体制の強化戦略の下，2010年ハイフォンに設立したスミダエレクトリックベトナムに加え，クアンガイ省に第2工場を新設。16年1月，電源トランス，チョークコイルなどの生産を開始している。

最近では，豊田合成が世界各地での安全規制強化からのエアバッグ需要拡大等に対応するため，ハイフォン工場の分工場をタイビン省ティエンハイ工業団地に設立する旨，発表した[10]。18年3月工場建設を開始し，2019年7月エアバッグ部品等の生産を開始予定。日本，北米，欧州等のエアバッグ最終組付拠点へ輸出し，従業員数も2021年3月末に約1,000名に増員する予定である。

4. 高付加価値製品の生産や，最新技術導入も散見

また，ベトナムでの生産に関し，高付加価値製品の生産活動に従事し，最新技術を導入する日系企業の動きも見られる。

ジェトロのアンケート調査[11]によれば，日本企業がベトナムで拡大させたい機能に関し，「販売」機能が26.8％，「汎用品の生産」機能が11.2％，「高付加価値品の生産」機能が7.2％となっている。「汎用品の生産」機能を強化したいと考える国・地域としては台湾（21.5％），韓国（20.5％）に次いで，ベトナムが第3位となっている。また，「高付加価値品の生産」機能に関しても台湾（16.4％），韓国（15.8％），タイ（7.8％）に次ぐ第4位となっている。一方，「新製品開発」機能を強化したいとする国・地域では台湾（8.2％），韓国（7.8％），米国（3.9％）に次ぎ低率ではあるが，ベトナムが第4位（3.7％）と，タイ（3.1％）を上回っている。「物流」機能に関しても，台湾（8.5％），韓国（7.9％），タイ（4.4％）に次ぐ第4位（3.7％）となっており，ASEANではタイ同様，ベトナムでの拠点機能を高めようとする日本企業の意欲が窺える。

具体的にベトナムで高付加価値製品の生産活動に従事したり，最新技術を導入しようとする日本企業のケースとしては，(1) ホンダがハノイ郊外の新工場の生産システムにおいて溶接，塗装，フレーム組立等の製造工程に加え二輪車生産分野の最新技術を採用（14年11月）したり，(2) 日本電産がハノイ・ホアラックハイテクパークで省エネ高性能モーターやロボット等高性能機器用モーターの需要拡大に対応すべく生産拠点設置の覚書に署名（17年6月）す

る等の動きがみられた。

　実際，ハノイ駐在時の2013，14年には新工場のオープニングセレモニーで，日本から来られる本社幹部の方々は，ベトナム人ワーカーの勤勉さや今後の市場拡大の潜在性の大きさなどから，ベトナム新生産拠点を単なる労働集約型生産拠点としてではなく，中長期的には生産品目の高付加価値化に取り組んでいきたいとの考えを有していた。早稲田大学のトラン・ヴァン・トゥ教授も，ベトナムの今後の経済発展戦略に関し，「（工業化が達成できていない状況下で，人口ボーナス期が終了してしまう）」早期脱工業化を回避するためにベトナム工業化の"深まり"（質の高い裾野産業の発展，中間財・部品の輸入代替促進）と"広まり"（食品加工などが有望）が必要。そのためにも，質の高い外国直接投資導入が必要である」と述べている[12]。

5．"チャイナプラス１"，"タイプラス１"への対応としての進出

　一方，中国やタイでの，①一極集中リスクの回避や，②人件費高騰・物価上昇への対応として，これら両国に追加（プラス）で，ベトナムに新たな生産拠点や工程を設ける動き（"チャイナプラス１"，"タイプラス１"）が引き続き見られる。"チャイナプラスワン"は中国の既存工場を高級品，内需向け生産などに特化し，汎用品や低価格品をベトナム等第三国に生産移管するケースである。工程の一部ではなく，生産拠点として完結した工場を分散立地する考えである。一方で，"タイプラスワン"はタイ工場の労働集約的な工程の一部をベトナムやラオスなど労働コストが安価な国へ切り離して分散立地する考えが一般的である。

　"チャイナプラス１"では，富士ゼロックスやブラザーマシナリーによるハイフォン生産拠点新設等，一方，"タイプラス１"では，加賀電子等がベトナムへ進出。地理的近接性をメリットとして，前者では概して中国南部に隣接するベトナム北部，後者ではベトナム南部への進出案件が見られる。

　その一方で，中国生産拠点の操業を停止し，ベトナム拠点に集約する動きも見られる。最近の事例としては，2018年５月，オリンパスが中国深圳でのデジタルカメラ関連製品の生産から撤退し，生産拠点をベトナム南部ドンナイ省の拠点に集約し効率化を図る旨，報じられている[13]。

6. ベトナム人材を活用した進出

　少子高齢化に呻吟する日本企業，とりわけ中小企業にとって優秀な人材確保は喫緊の課題である。ベトナム駐在時，日本企業からの照会案件で，日本の製造拠点で勤務したベトナム人エンジニアや技能実習生の帰国にあわせて，ベトナムに現地法人を設立したいとする企業がみられた。実際，日本の生産拠点としての生き残りのための競争条件激化を踏まえ，日本滞在時にマスターした日本語の堪能なベトナム人スタッフをベトナム現地法人（子会社）の要職に就け，日本での生産の一部をベトナムにシフトする企業も見られた。

　製造業に限った話ではないが，目下，ベトナムから日本へ来る数多くの勤勉な留学生や技能実習生を活用しない手はない。法務省入国管理局によると，2017年末の在留外国人数は，前年末比7.5％増の256万1,848人。国籍別でベトナム人は中国人，韓国人に次ぐ第3位で，31.2％増の26万2,405人と大幅な増加を示している[14]。在留資格別に見ると，「技能実習」が40.1％増の12万3,563人と全体の半数弱のシェア（47.1％）を占め，以下，「留学生」が15.8％増の7万2,268人（同27.5％），「技術・人文知識・国際業務」が62.5％増の2万2,045人，「永住者」4.5％増の1万4,913人，「家族滞在」が45.8％増の1万1,112人などと続いている。同年末時点での中国からの「技能実習」資格での在留外国人はベトナムに次ぐ第2位で，前年末比4.1％減の7万7,567人まで減少しており，「技能実習」という名での製造業分野でのベトナム人労働力への依存度の高まりが窺える。また，ベトナムからのエンジニアも含む「技術・人文知識・国際業務」資格での在留外国人数も，第1位の中国（9.9％増，7万5,010人）に次ぐ，第2位となっており，日本の製造業分野でのベトナム人技術者や技能実習生の重要性が窺える。

第3節　ASEAN域内関税撤廃などの影響

　ここで，ベトナム進出日系製造業企業の貿易・投資に影響を与えるASEAN域内関税の撤廃の影響について言及する。

　1992年ASEANでは，中国，インドといった投資受け入れ競合国への対抗

策の1つとして，ASEAN自由貿易地域（AFTA）の形成で合意。翌93年にAFTA協定を発効させ，ASEAN原加盟6ヵ国は2010年までに，ベトナムを含む後発加盟4ヵ国は2015年までに一部例外品目を除き，域内関税撤廃を実施した。後発加盟4ヵ国は2017年末まで域内関税撤廃の一部が猶予されていたが，2018年1月1日に追加的に関税撤廃猶予品目の域内関税撤廃が完了した（除外品目を除く）[15]。

2018年1月のCLMV（カンボジア，ラオス，ミャンマー，ベトナム）諸国のASEAN域内関税撤廃のうち，5％超の域内関税が撤廃されたのはベトナムのみで，廃油以外に，自動車及び自動二輪車が対象として残っていた[16]。これら品目については数年かけて域内関税を徐々に低減してきたが，18年1月を以て，30％の域内関税が撤廃。例えば，タイからベトナム向けの自動車輸出は近年順調に増加してきたが，この域内関税撤廃を見据えたベトナム国内での買い控え[17]により，2017年の乗用車及び自動車部品の輸出額は減少した。

ベトナム製造業の持続的な発展のためには，同国をASEANさらには東アジアのサプライチェーンに組み込ませることが重要である。そのためには，ベトナム国内における部品メーカーの集積や，産業クラスターの形成が不可欠の要件となる[18]。しかしながら，ベトナム国内では裾野産業が十分育っている状況にはない。ジェトロの2017年度アンケート調査によれば，ベトナムにおける進出日系企業の現地調達率は33.2％と，2016年調査の34.2％に比べ低下している。中国（現地調達率67.3％），タイ（56.8％），インドネシア（45.2％），フィリピン（42.2％）各国進出日系企業の現地調達率に比べても大幅に下回っている状態にある。さらに，原材料・部品の現地調達先内訳をみると，ベトナム進出日系企業の地場企業からの調達割合が39.6％と進出日系企業からの同割合（46.9％）よりも低く，地場企業からの現地調達率は（0.332 × 0.396 =）13.1％に過ぎないことになる。なお，ベトナム進出日系企業は他国の日系企業と比べて，「その他外資企業」からの調達割合が相対的に高いが，これは台湾系企業等からの調達が多いためと思われる。実際，ベトナム進出台湾系企業が数多く，台湾側からもベトナムでの日系企業と台湾系企業との事業関係拡大に向けた要望もあり，日系企業によるベトナム進出台湾系企業からの調達拡大に向けたビジネスマッチングイベント等も開催されている[19]。

なお，韓国サムスン電子によるスマートフォン（スマホ）生産で北部にスマホ関連産業クラスターが形成されつつあるが，日系部品メーカーで同クラスターの枠組みに入り込めている企業は数少ない。

第4節　製造業関連サービス業での日本企業の進出状況

1. 物流関連

また，2007年1月のWTO加盟時，ベトナム政府はサービス分野の規制緩和として，2012年フォワーディング，2014年には港湾倉庫の外資開放をコミットしたことから，日本企業の同分野での進出案件の増加も顕在化している。

具体的には，川崎汽船，クールジャパン機構，日本ロジテム合弁でビンズオン省に冷凍冷蔵倉庫を建設。16年7月よりベトナム初の4温度帯（冷凍，冷蔵，チルド，定温）倉庫として営業開始している（17年11月には食品安全マネジメントシステムに関する国際規格ISO22000認証取得）。また，郵船ロジスティクスは，14年11月，ハイフォンに倉庫（1万2,000平方米）と空コンテナデポ（2万3,870平方米），トラックヤード有するロジスティクスセンターを開業，18年1月には2棟目の倉庫（6,000平方米）を稼働させている。一方，ヤマトホールディングスのシンガポール子会社は15年2月，ベトナム及び東南アジアでサプライチェーンの物流が活性化されるとの考えから，ハノイに現地法人を設立。さらに，三菱ケミカル物流は化学品の物流増加を見込み，17年9月に100％子会社をホーチミンに設立し，化学品中心のフォワーディング業務や管理コンサルティング等を行う旨，報じられている。こういったインフラ整備の進展で，ベトナムにおける日本企業の物流が大きく改善される傾向にある。

2. IT，BPO（ビジネスプロセスアウトソーシング）関連

また，先述の通り，日本は少子高齢化といった構造的な問題を抱え，高度人材，単純労働者はもとより，留学生など各方面で外国人，とりわけベトナム人

に対する熱いラブコールを送っている。最近では，ベトナム大卒者と進出日系企業とのマッチングイベント（ジョブフェア）の開催や，日本の中小企業の採用責任者自らがベトナムで大卒者の採用に奔走するケースも聞かれる。

　ITやBPO分野では，進出日系企業が早い企業では2000年代前半頃からベトナムの優秀な若手IT人材に眼を付け採用する動きがみられていた。トランスコスモスは，コンタクトセンターをはじめとするBPOサービスと共に，ベトナムIT人材を活用し日本市場向けに設計・開発支援のオフショアサービスも提供している（14年7月ハノイ，15年6月ホーチミンに拠点設立）。

　一方，日本ソフトウエア子会社の「ニッポンイチ・ソフトウエア・アジア」（本社シンガポール）は，アジア地域への事業展開推進の一環でホーチミンに現地法人を設立（15年4月）。ゲームソフトの開発など開発コストを抑えるための進出とされる。

　エボラブルアジアも100％子会社のエボラブルアジアグローバルベトナム社を設立（16年11月）し，拡大するアジアのEC（電子商取引）マーケットに向けオンライン旅行サービスを引き続き展開している。また，エイチームはスマホ向けゲーム・アプリの開発及び運営事業のため，初の海外開発拠点としてエイチームベトナムをホーチミンに設立している（17年2月）。

　ホーチミン，ハノイ以外では，ソフトウエア開発会社で，両都市に比べて人材確保が容易で離職率が低いダナンにオフショア開発拠点として現地法人を設立した日系ソフトウエア開発会社も散見される。

第5節　日本の製造業企業の更なるベトナム進出に向けて

　ジェトロのアンケート調査[20]によれば，「海外に拠点を有し，今後さらに海外進出の拡大を図る」と回答した日本企業のうち"拡大を図る国・地域"に関し，"ベトナム"と回答した比率が2014年度調査で28.7％，15年度32.4％，16年度34.1％，17年度では37.5％と数年来上昇傾向にある。17年度調査ではベトナムは中国（49.4％）に次ぐ，第2位の有望事業拡大先となっている。

　加えて，ベトナム進出日系企業に対するアンケート調査[21]で「今後1〜2

年の事業展開の方向性」に関し，約7割（69.5％）が「拡大」と回答し，他国進出日系企業よりも高率となっている[22]。「拡大」と回答した理由に関し，製造業企業では9割超が「売り上げの増加」，4割弱が「成長性，潜在力の高さ」を指摘している。

　一方，「拡大」回答理由に関し，「生産・販売ネットワーク見直し」を指摘した企業は15.8％に留まっており，製造業分野で日系企業が大胆なサプライチェーンの変革に取り組む様子を汲み取ることはできない状況にある。しかしながら，ベトナム政府は裾野の広い自動車・同部品産業の育成を念頭に置いており，今後の自動車国内生産規模の拡大を見込み，自動車部品メーカーの生産規模の拡大に期待を寄せている。但し，自動車の生産規模拡大が見込めない限り，スケールメリットからの安価な部品生産は難しく，自動車部品関連での裾野産業育成は容易ではない。その意味でも，2015年10月28日に公布された「自動車・同部品産業発展の行動計画」を踏まえ，2016年2月に出された「自動車生産に対する優遇措置に関する決定」の中での，自動車メーカーに対する優遇措置供与条件の緩和が必要と思われる[23]。

　ベトナム進出日系製造業企業にとって，同国の投資先としてのメリットは，①賃金の相対的な低さ，②（都市部でのホワイトカラーやエンジニア不足を指摘する声も聞かれるものの）総じて勤勉かつ豊富な労働力の存在，③「メコン広域経済圏」としての地域全体の発展潜在力，④インフラ整備の急速な進展（具体的には，ノイバイ国際空港第2ターミナル新設，ニャッタン橋完成［各々15年1月］，ハノイ・ラオカイ高速道路［13年9月］，ハノイ・ハイフォン高速道路［15年12月，105キロ区間］，ダナン・クアンガイ高速道路のダナン・タムキー間［17年8月，65キロ区間］，ダナン・クアンガイ高速道路全線［18年9月，全長140キロ］の開通，ハイフォンで大型コンテナ船が寄港できるラックフェン国際港の貨物ターミナルの開業［18年5月][24]等），⑤国内コネクティビティ強化による事業展開先の拡がり，⑥日本企業にサポーティブな中央・地方政府の存在[25]，⑦良好な対日関係・対日感情[26]等が挙げられる。

　一方，投資環境上のリスクに関しては，ベトナムでは6割超の日系企業が「人件費の高騰」を問題視している。つまり，足下，人件費は他国と比べ低廉であるものの，毎年，日系企業は人件費の高騰に呻吟していることが伺え

る[27]。また，低下傾向にあるとはいえ，「法制度の未整備・不透明な運用」（46.9％），「税制・税務手続きの煩雑さ」（42.0％），「行政手続きの煩雑さ（許認可など）」（39.5％），「インフラの未整備」（38.2％），「従業員の離職率の高さ」（36.5％），「現地政府の不透明な政策運営」（32.7％）等が問題視されている。これらリスクの具体的な内容については，表2-1をご参照願いたい。

なお，表2-1の「法令内容の事前検討不足」の具体的な事例として記載の

表2-1　投資環境上のリスク

リスク	内容	具体的な事例
法制度の未整備・不透明な運用	法令内容の事前検討不足	中古機械輸入規制，外国人強制社会保険，環境，スプリンクラー設置等
	施行細則公布の遅延による実務の停滞，法令と施行細則の内容不一致	
	法令運用の不統一	投資証明書記載内容変更，サービス分野の外資開放等
	制度の不透明な運用	自然災害基金（使途，金額根拠）等
	査察時の賄賂要求	税関，税務，消防，環境，公安等
	法令・罰則の遡及適用	関税評価，投資インセンティブ（法人等），税務等
税制・税務手続きの煩雑さ	複雑な税制度，制度の頻繁な変更	個人所得税，移転価格税制，外国契約者税等
	不明確な審査基準	外国契約者税，関税評価等
	手続き期間が不明瞭	付加価値税（VAT）還付等
行政手続きの煩雑さ（許認可等）	申請書類が多い，担当者により要求が異なる	労働許可書取得，査証申請等
	手続き期間が不明瞭	投資証明書記載内容変更，商社の取扱品目追加等
	非公式手数料の要求	原産地証明書取得，投資証明書記載内容変更，各種行政手続き期間の短縮時
現地政府の不透明な政策運営	具体的な政策の未提示	自動車産業振興，裾野産業育成，将来の基幹産業
	各種インフラ開発計画の実現不確実性	道路，公共交通，電力等
	国有企業の民営化プロセス・方針の煩雑な変更	

出所：「ベトナム進出日系企業の活動実態」日本貿易振興機構ハノイ／ホーチミン事務所，2018年2月。

「中古機械輸入規制」に関し捕捉すると，所管の科学技術省が2014年7月15日に中古機械の輸入に関する通達を発表し，同年9月1日より「使用期間5年以下，性能保証80％以上」の中古機械のみ輸入可とし，それ以外の中古機械の輸入を原則規制する旨公表した。しかしながら，日本をはじめとする外国経済界はもとよりベトナム地場経済界からの反発を受け，当時のグエン・タン・ズン首相の采配の下，同通達の施行を延期。その後，経済界の意見等に一定の配慮をし，15年11月，輸入可能な中古機械に関し，「使用期間が10年を超えず，かつ，ベトナム国家基準もしくは先進7ヵ国（G7）各国の技術基準に基づき製造されたもの」とする旨の通達を発表，2016年7月より施行されている。当初案に比べれば大分緩和され，規制適用対象から除外するための条件が依然不明確といった指摘も見られていたが，中古機械の輸入実績が見られるようになっている。その他，改正投資法・企業法が2015年7月1日に施行されたものの，半年後の2016年1月に施行細則が制定されるまで手続き面で混乱が見られるなど，日系企業は少なからず，様々な問題に直面するケースがみられる。

　目下，ベトナム共産党指導の下，政府挙げて行政手続きの改善や，不正行為の摘発に取り組んでいる。しかしながら，玉虫色の法規制が散見され，行政裁量が広範に及んでいることから担当官の不正を誘発するケースも見られる。

　また，経営上の問題点としては，「従業員の賃金上昇」（75.2％），「原材料・部品の現地調達の難しさ」（65.2％），「品質管理の難しさ」（57.2％）が，ワースト3で，各々5割超となっている。

　加えて，製造業企業のベトナムにおけるビジネスリスクとしては，①縦に細長い国土ゆえ，市場が南北に分断されていると見る向きが強い上，インフラ整備が進展中とはいえ，まだまだ物流網が脆弱であること，②中国・韓国製品等との競合，③ベトナム企業との合弁やM&A検討の際，相手先のDue Diligenceが難しく，契約未履行や一度決めたことを覆されるケース等も見られること等，が挙げられる。

おわりに

　以上，製造業関連分野を中心としたベトナムでの日本企業の事業展開上の課題を含め述べてきた。これら課題の解決に向けた着実な取り組みがベトナムの事業環境の改善，さらには日本企業の進出増加や事業拡大に繋がるものと思われる。

　2017年にAPEC議長国を務めたベトナムにとって，自由貿易協定（FTA），経済連携協定（EPA）への参画やその活用を通じた更なる経済発展が見込まれている。ASEAN域内経済統合の進展はもとより，17年11月のダナン閣僚会合でのCPTPP大筋合意形成に際し日本と共にベトナム側が重要なイニシアティブを発揮し[28]，また，18年3月，チリ・サンチャゴでの署名を経て，輸出拡大の基盤が形成されてきている。今後の進展が期待されるRCEP，更にはアジア太平洋地域規模での自由貿易圏構想（アジア太平洋自由貿易圏[FTAAP]）など外部事業環境の進展と相俟って，日本企業によるベトナムでの円滑な事業展開の拡大及び深化が切に期待されるところである。

　加えて，日本の製造業企業によるベトナム事業展開拡大に伴い，進出日系製造業企業の多くはベトナム人従業員の教育や技能研修を重視している。先述のダイキン工業も訓練施設の充実など技術者育成の拠点としても空調機生産工場を活用していく等，公表している[29]。少子高齢化という構造的な問題を抱える日本企業にとって，相互補完関係の構築可能なベトナムとのビジネス面，とりわけ製造業関連分野での関係強化は不可欠とも思われる。

（川田敦相）

注
1　1991年には，CLMV諸国に対してバーツ持ち出し限度額の引き上げを実施。
2　特別経済調査レポート・昭和63年度『ベトナム経済の行方』日本貿易振興会（1989年），参照。1986年のプラザ合意を契機に円高が急伸し，80年代後半に日本企業によるアジアNEIS諸国・地域や，ASEAN原加盟国への進出案件が増加した。事業展開先としてベトナムへの関心も徐々に高まりを見せ始めていた。
3　小林恵介「第9章ベトナム：基盤技術の充実と工業化に向けて」池部亮・藤江秀樹編著『分業す

るアジア』日本貿易振興機構，2016年9月，参照。
4 ダナン日本商工会設立直後の2008年末の会員企業数は35社。
5 「ギソン製油所から初めての商業出荷」『ビジネス短信』2018年5月11日付（ジェトロ）によれば，同年5月1日，商業製品としては初めて，レギュラーガソリンがベトナム国内市場向けに出荷。2011年稼働開始の中部クアンガイ省のズンクアット製油所に次ぐ国内第2の施設となった。
6 「2017年度アジア・オセアニア進出日系企業活動実態調査」ジェトロ，2017年12月，参照。
7 ニトリ・ファニチャー・バリア・ブンタウのFacebookによれば，18年6月時点で，人材募集中であるが，17年11月より，コイルマット（寝具）の生産を開始している。
8 「ベトナムで空調機の新工場が本格稼働を開始」ダイキンコーポレートニュース（2018年5月18日付）参照。
9 ベトナムでは国内を4つの発展レベル別にカテゴリー分けし，単純労働者の最低賃金を設定している。18年1月からは，「エリア1」（ハノイ，ハイフォン，ホーチミンを含む）が月額398万ドン（前年比6.1％増，約175ドル），「エリア2」（ダナン，カントーなど）が同353万ドン（6.3％増，約160ドル），「エリア3」（ハナム省など）が同309万ドン（6.6％増，約140ドル），「エリア4」（エリア1～3以外）が同276万ドン（7.0％増，約125ドル）となっている。
10 「ベトナムにエアバッグ部品の新工場を設立」豊田合成ニュース／お知らせ（2017年8月30日付）参照。
11 「2017年度日本企業の海外事業展開に関するアンケート調査」（2018年3月7日発表）日本貿易振興機構，参照。
12 2017年11月16日ジェトロ主催の「ベトナムの経済発展戦略と日・韓企業のベトナム事業戦略」セミナー（於ジェトロ本部）でのトラン・ヴァン・トゥ教授による基調講演「ベトナムの経済発展戦略」による。
13 「オリンパス，中国のデジカメ関連生産から撤退 ベトナムに集約」日本経済新聞電子版（2018年5月7日付）等，参照。
14 「平成29年末現在における在留外国人数について（確定値）」（平成30年3月2日付プレスリリース），法務省入局管理局。2012年末のベトナムからの在留外国人数は5万2,367人で，5年間で5倍へ増加している。
15 ASEAN原加盟国（インドネシア，マレーシア，フィリピン，シンガポール，タイ，ブルネイ）は2003年に（※2002年には一部例外を認めた上で，0～5％），後発加盟国（カンボジア，ラオス，ミャンマー，ベトナム）は2010年までに0～5％（ベトナム2006年，ミャンマー・ラオス2008年，カンボジア2010年）を実現。なお，2010年1月1日にASEAN物品貿易協定（ATIGA）が発効。ASEAN原加盟国，後発ASEAN諸国の域内関税撤廃スケジュールを確認。ASEAN統一関税分類（AHTN）2012年版の8桁分類で対象品目数をベースとすると，各国とも関税撤廃が猶予されていた650超の品目（約7％）の関税が新たに撤廃されたことになる。既に撤廃されているものを含めると，ATIGAにおける関税撤廃率はCLMV諸国平均で98.1％に達している。一方，ベトナム政府は2017年10月17日，自動車輸入事業者に対し，輸入検査の際の他国当局による車両認可証の提出や，船積みごとの車両検査の義務付けを求めるなどの措置を導入している（2018年1月17日付通商弘報「輸入車に厳しい条件を課し，国内生産車を保護──完成車輸入と輸入税率などに関する政令を相次ぎ公布──」日本貿易振興機構，参照）。
16 「ATIGAに基づくASEAN域内の関税撤廃が完了─ベトナムの自動車輸入関税30％もゼロに─」『通商弘報』（2018年1月19日）日本貿易振興機構，参照。
17 ベトナム自動車工業会（JAMA）によると，2017年のベトナムの新車販売台数（国産車と輸入車の合計）は，前年比10.4％減の27万2,750台。月毎の販売台数は17年4月以降9ヵ月連続で前年同月比減少。

18　ベトナム政府は日本側の協力を得ながら2020年における工業化の実現を目指してきたが，必ずしも十分な成果を上げるに至っていない。2018年3月にベトナム共産党政治局は「2030年に向けた，2045年へのビジョンを踏まえた国家工業発展政策に関する決議第23-NQ/TW号」を発表。2030年に向け，ASEAN上位3ヵ国レベルの近代志向の工業国になることを目標とし，幾つかの産業では世界的な競争力を有し，グローバル・バリューチェーンに深く参入するなどして工業化及び近代化を成し遂げ，また，2045年までにはベトナムを近代的で工業化された国とすることを目指すとしている（ベトナム経済研究所『ベトナム経済動向』2018年6月号No.464，1ページ目トピックス記事参照）。

19　日本貿易振興機構，在ホーチミン市台北経済文化代表処，台湾貿易センターは共催で2015年3月に第1回日本・台湾裾野産業商談会，2017年3月に第2回日本・台湾裾野産業商談会を各々ホーチミン市内で開催。第1回商談会時は部品サプライヤーとしてベトナム進出台湾系企業が出展し，日系セットメーカーが来場する形式であった。一方，第2回商談会時は部品調達を希望する日系及び台湾系のメーカーが出展し，調達したい製品を展示する「逆見本市形式」で，来場したサプライヤーと商談した。

20　「2017年度日本企業の海外事業展開に関するアンケート調査」（2018年3月7日発表）日本貿易振興機構，参照。

21　「2017年度アジア・オセアニア進出日系企業活動実態調査」日本貿易振興機構，2017年12月，参照。

22　タイ進出日系企業が47.2％，中国進出日系企業48.3％，マレーシア進出日系企業51.3％，インドネシア進出日系企業51.4％，フィリピン進出日系企業63.4％と，ベトナム進出日系企業（69.5％）よりも，低率となっている。

23　優遇条件享受のための「年間5万台の生産ボリューム」という条件を緩和し，より小規模にすると共に，優遇対象となる自動車・同部品のカテゴリーを広げる必要もあるものと思われる。なお，ベトナム地場不動産大手ヴィングループは自動車製造業に参入し，2017年9月，傘下のヴィンファストはハイフォンで初の国産ブランド車生産に向けた工場建設の起工式を実施した。

24　「ラックフェン国際港が開港，北米，欧州路線に期待」『ビジネス短信』（2018年5月23日付），参照。水深14メートル，総延長750メートルの2つのバースを有し，積載量10万トン級の大型コンテナ船の寄港が可能。

25　地方政府の日系企業支援の1例として，ハノイ郊外ハナム省人民委員会（日本での"県庁"に相当）は，「日系企業に対する10の約束」として，①電力供給の保証，②工業団地内インフラ（通信，排水，給水）整備，③社員寮建設時の支援，④投資ライセンスの申請後3日以内の発給，⑤十分な労働者の確保・供給，⑥労働者の質の向上に向けた教育機関の誘致，⑦日本人生活環境の充実（ゴルフ場，病院等の建設），⑧駐在員・ベトナム人スタッフの安全確保，⑨ストライキの禁止，⑩人民委員長［日本の"県知事"に相当］へのホットライン設置（24時間いつでもジャパンデスク経由で通話可能）をコミットしている。

26　日越両国の要人往来の多さはもとより，地方省でのジャパンフェスティバルの開催（16年4月，於バクザン省等）や，日本留学経験者交流会（16年3月，林前経産大臣訪越時，於ハノイ）など親日的なイベントが頻繁に催されている。

27　「2017年度アジア・オセアニア進出日系企業活動実態調査」（日本貿易振興機構，2017年12月）によれば，ベトナム進出日系企業503社の平均で2018年度のベースアップ率を7.9％としている。

28　「日越，TPP大筋合意へ連携確認＝国家主席と会談─茂木再生相」『時事ウエブ』（2017年11月7日付）時事通信社，「TPP早期署名へ連携＝茂木再生相，ベトナム商工相と会談」『時事ウエブ』（2017年12月25日付），時事通信社参照。

29　上記（注8）参照。

参考文献

池部亮・藤江秀樹編著『分業するアジア』日本貿易振興機構，2016年。
各社ニュースリリース。
川田敦相『メコン広域経済圏』勁草書房，2011年。
川田敦相「日本企業のベトナム投資の現状と，更なる投資拡大に向けた考察」『ウォームトピックVol.134』北陸環日本海経済交流促進協議会（北陸AJEC）2017年2月。
時事通信社『時事ウエブ（Jiji-Web）』。
特別経済調査レポート・昭和63年度『ベトナム経済の行方』日本貿易振興会，1989年。
日本貿易振興機構「2017年度アジア・オセアニア進出日系企業実態調査」2017年12月。
日本貿易振興機構「2017年度日本企業の海外事業展開に関するアンケート調査」2018年3月7日。
日本貿易振興機構『通商弘報』。
日本貿易振興機構『ビジネス短信』 https://www.jetro.go.jp/biznews/
ベトナム経済研究所編，窪田光純『早わかりベトナムビジネス』【第3版】B&Tブックス，日刊工業新聞社，2015年。
ベトナム経済研究所『ベトナム経済動向』2018年6月号No.464。
前田啓一・池部亮編著『ベトナムの工業化と日本企業』同友館，2016年。

第3章

北部ベトナムにおける
非日系企業の躍進と交通インフラの整備

要約

　ASEAN域内の製造業の中で，近年非日系企業の躍進がめざましい業種の1つである電機電子産業と交通インフラ整備を中心に考察する。非日系特に韓国のエレクトロニクスメーカーが集中しているのが，ベトナム北部のハノイ近郊であり，その中でもサムスン電子のベトナム進出と製品輸出は，同国の貿易構造を大きく変えるインパクトがあった。またLG電子など他の韓国メーカーの投資も相次ぎ，家電，スマートフォンだけではなく有機ELなど先進主要部品の製造も視野に入れており，今後韓国勢にとってはベトナムがASEANにおける生産の中核になる方向にある。

　交通インフラについては，ハノイはODAを有効活用し整備をおこなっている好例であり，市内道路，都市鉄道，高速道路など多岐にわたるプロジェクトが進行している。ハノイから約100kmにある国際港整備中のハイフォンが経済圏に組み入れつつあり，新規の大型投資はハイフォン近郊における立地が多くなっている。こうした大都市圏への集中はさらなる集積を生んでおり，越境交通インフラによる工程間分業とサプライチェーン構築という流れは注目されたほど大きなものになっていない。また一方では，日本のODAによるベトナム仕様の電子通関システムが稼働しているが，本格的なICT利用の貿易円滑化の施策として成果をあげつつある。

第1節　電機電子産業における非日系企業の躍進とASEAN生産

　日本からベトナムへの直接投資は，1990年代にはトヨタ，ホンダ，ヤマハなどの四輪，二輪の自動車メーカーによるものが多いが，2000年代にはキヤノン，ブラザー工業などプリンタを中心としたIT系の電機電子企業が進出し，この分野でベトナムにおける橋頭堡を築いたと言える（表3-1参照）。しかし，日本の対ベトナム投資は，対タイ投資に比較すると総じて低調であり，2016年末までの累計ベースで韓国に次いで2位となっている[1]。2009年頃から，韓国電機電子メーカーによる大規模投資が突出するようになり，単年度で2014年から3年連続で韓国からベトナムへの直接投資が国別で1位となっており，近年では全ての外国直接投資の30%近く（2015，2016年実績）を韓国が占めている。

表3-1　ベトナム北部への日本，韓国，台湾の大手電機電子メーカー進出状況

稼働年	企業名	工業団地	生産品目
2002年	キヤノン	タンロン工業団地	インクジェット・レーザープリンタ
2003年	パナソニック	タンロン工業団地	冷蔵庫，洗濯機
2005年	キヤノン	バクニン省クエボ1工業団地	レーザープリンタ
2007年	キヤノン	バクニン省ティエンソン工業団地	インクジェットプリンタ，スキャナー
2007年	ブラザー工業	ハイズオン省プーディエン工業団地	モノクロレーザープリンタ
2009年	フォックスコン	バクニン省クエボ1工業団地	家電製品
2009年	サムスン電子	バクニン省イエンフォン工業団地	携帯電話，有機EL
2012年	京セラ	ハイフォンVSIP工業団地	モノクロレーザープリンタ，複合機
2013年	富士ゼロックス	ハイフォンVSIP工業団地	デジタルカラー複合機，LEDプリンタ
2014年	サムスン電子	タイグエン省イエンビン工業団地	携帯電話，家電製品
2016年	LG電子	ハイフォンチャンズ工業団地	家電，携帯，有機EL

出所：各種資料を元に作成。

1. 韓国電機電子メーカーの躍進

　電機電子産業においては，近年アジアに限らず日系企業のプレゼンスの低下が著しく，代わって韓国企業の消費財分野における市場シェア拡大が進んでいる。日系企業と韓国企業を比較すると，アジアにおける自国以外の生産拠点については特徴があり，中国における生産が両国企業ともに柱である一方，ASEANにおける生産拠点については，その中核となる国が分かれる傾向がある。日系の電機電子企業がASEANにおいては，自動車産業と共に裾野産業の整備されたタイへの進出が多いのに対し，韓国企業はベトナムにおける生産拠点の配置および既存工場の拡張投資が際立っている。最も象徴的なのは，ハノイ近郊におけるサムスン電子によって2009年から開始されたスマートフォン生産であり，同製品の世界的な需要拡大とサムスン電子の市場シェアの高さから，ベトナムの貿易構造を大きく変えるまでになっている。

　百本（2016）によれば，こうした韓国エレクトロニクス企業のベトナムへの集中の理由について，① 中国一極集中のリスク回避，② 中国に比較した人件費の優位，③ ベトナム政府による税制優遇措置，④ 部品調達先の韓国，中国へのアクセスの良さ，をあげている。

　韓国の電子電機メーカーであるサムスン電子とサムスン・ディスプレイ，LG電子とLGディスプレイの2グループが，主要製品をアジアの拠点で生産している状況が表3-2である。ASEAN域内においては，タイ，マレーシア，インドネシアでも2グループの生産拠点が稼働しており，現時点ではスマートフォン以外は必ずしもベトナムに集中している訳ではない。しかし各種報道やベトナムにおける投資状況から，① 中国拠点からの製品移管の受け皿（チャイナ＋1）としての役割，② ASEANに分散している家電を中心とした製品のベトナムへの集約，の方向で動くことが確実視される。近年の大型外国投資案件であった，2015年のサムスン・ディスプレイによる30億ドルの投資，2016年のLGディスプレイの15億ドルの投資が発表されているように，2グループ共に子会社による薄型テレビ，モニター，スマートフォンなどの内製部品，あるいは外販向けとしてLCD製造能力の拡張に動いている[2]。現在，サムスン電子が大きく先行しており，日本企業グループはこれから量産に入る段階の有機ELは全て韓国国内の製造となっている。しかし，すでにスマートフォン

第 1 節　電機電子産業における非日系企業の躍進と ASEAN 生産

表 3-2　韓国電機電子産業 2 グループのアジア生産状況

(単位：1000 台)

		韓国電機メーカー 2 グループ									日系企業世界シェア
		Samsung Electric + Samsung Display					LG Electric + LG Display				
		世界	中国	韓国	ベトナム	他 ASEAN	世界	中国	韓国	ベトナム	他 ASEAN	
AV機器	DVD/BD プレーヤー	5,000	1,000	—	—	4,000 (インドネシア)	3,500	2,400	—	—	600 (インドネシア)	17.0%
	FPD-TV	47,000	3,600	1,000	6,000	1,000 (インドネシア)	27,000	1,400	1,000	500	1,600 (インドネシア)	8.4%
情報通信機器	PC モニター	12,600	5,000	—	1,500	—	8,700	4,500	500	—	—	0.8%
	スマートフォン	310,000	114,000	20,000	135,000	—	57,000	36,000	10,000	5,500	—	2.0%
	タブレット	26,800	5,000	—	20,800	—	2,600	2,600	—	—	—	0.2%
ユニット製品・部品	大型 LCD	106,300	13,000	93,300	—	—	150,600	8,000	142,600	—	—	3.6%
	中小型 LCD	700	—	700	—	—	142,000	—	142,600	—	—	16.1%
	有機 EL	384,270	—	384,270	—	—	1,400	—	1,400	—	—	0.0%
白物家電	ルームエアコン	7,800	1,300	2,000	—	2,560 (タイ)	6,400	2,150	1,000	200	800 (タイ)	19.6%
	電子レンジ	7,500	—	—	—	7,500 (マレーシア)	4,630	3,750	420	—	60 (タイ)	8.3%
	冷蔵庫	12,300	1,100	2,600	—	2,100 (タイ)	7,900	1,200	1,300	—	1,300 (インドネシア)	9.9%
	洗濯機	14,210	2,610	3,000	—	1,100 (タイ)	10,900	3,000	1,500	500	2,400 (タイ)	8.3%
	掃除機	7,300	—	—	7,300	—	3,100	1,500	500	1,100	—	10.4%

資料：富士キメラ総研『2017 ワールドワイドエレクトロニクス市場総調査』より。

にも採用された中小型のフレキシブル有機 EL をコスト的に下げるため，かなりの生産をベトナムに移管する積極的な戦略を取るとみられている[3]。

2. ベトナムにおけるスマートフォン生産の飛躍的拡大と中間財輸入

2009 年から始まったサムスン電子によるスマートフォン生産であるが LG 電子，ベトナム地場メーカーも加わり年々急速に伸び，2016 年電話機同部品の輸出実績では 343 億ドルに達した。これはベトナムの全輸出額の 19.4% にあたり，2013 年縫製品を抜いて以来輸出品目の首位になっている[4]。輸出先は中

東，欧米が中心であり，多い順からUAE，米国，ドイツ，オーストリア（2015年実績）となっている。サムスン電子は自社スマートフォン生産台数の40％以上をベトナムで生産する一方，中国生産拠点においては大幅な減員がおこなわれており[5]，ベトナムへ生産シフトをする方向が明確になっている。サムスン電子のベトナムからのスマートフォンを含む輸出額合計は，2016年ベトナム全輸出額の22.7％を占めるとされ，同社のベトナムにおける経済プレゼンスの大きさがわかる。

図 3-1　ベトナムの携帯電話（HS8517）輸出と日中韓からの電機電子中間財輸入推移

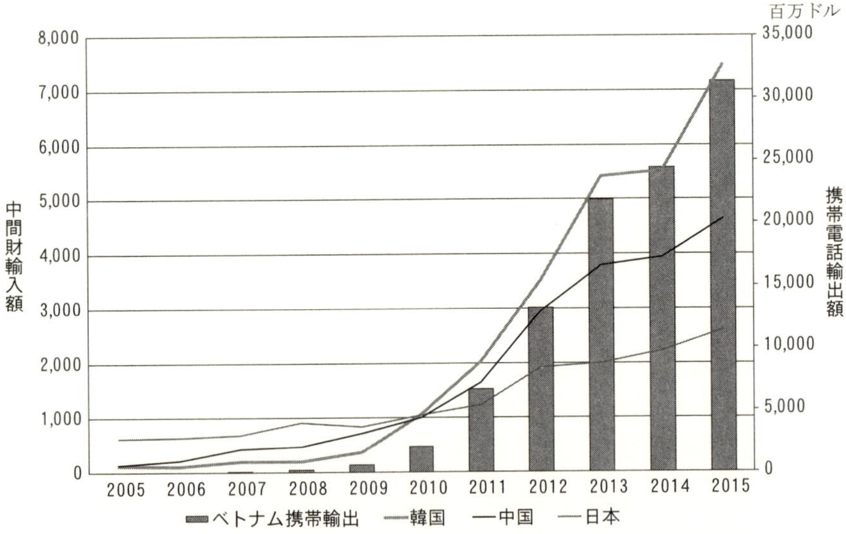

資料：UN Comtrade より HS8517 輸出額，RIETI-TID2015 より "Electrical machinery" 中間財輸入額。

　スマートフォンは電子系モジュール型の典型的な製品であり，主要部品を構成する各種基板に搭載される電子部品はベトナムで生産がおこなわれているものは皆無に等しい。そのため中間財については輸入に頼らざるを得ない。図3-1ではスマートフォンに使用される部品に限定していないが，電機電子製品に組み込まれる中間財の日本，中国，韓国からのトレンドを示すと，ベトナムにおけるスマートフォンの生産，輸出が立ち上がった2010年を境に，輸入先

は韓国，中国，日本の順となり，その差は大きく開きつつある。

3. ベトナムの輸出のうち国内で付与される付加価値は低い

スマートフォンのように輸入主要部品に多くを依存した場合，組立工程のみにおいて生まれる付加価値は当然低くなり，スマイルカーブの底の状態にあると言える。サムスン電子ベトナム（SEV）の発表によれば，ベトナムにおける同社の現地調達率が2016年は57%に達したとのことだが[6]，製品の特性を考慮すると部品の原産国の基準では実際にはかなり低いと思われる。日本アセアンセンターが，ASEAN地域におけるグローバルバリューチェーン（GVC）に関する分析をおこなっているが，それによるとASEAN各国の輸出における国内で付与された付加価値のGDPにおける割合を算出すると，ASEANの平均は35%である（図3-2）。平均を上回っている国は，マレーシア，シンガポール，タイであり，最低はミャンマーとなっている。ベトナムはミャンマー

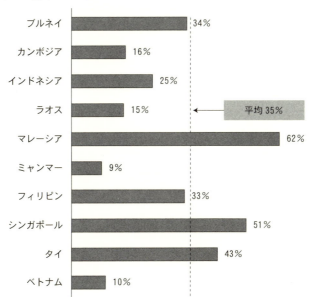

図3-2　輸出における国内で付与された付加価値：GDPにおける割合 2013年

- ブルネイ 34%
- カンボジア 16%
- インドネシア 25%
- ラオス 15%
- マレーシア 62%
- ミャンマー 9%
- フィリピン 33%
- シンガポール 51%
- タイ 43%
- ベトナム 10%

平均35%

出所：日本アセアンセンター "Global Value Chains in ASEAN: A Regional Perspective."

の9%に次いで2番目に低い10%となっている。ベトナムの2016年の貿易額（輸出＋輸入）は3,712億ドルで，ASEANの中ではタイの4,096億ドルに次ぐ規模になっている（除くシンガポール）[7]。ベトナムが国内付加価値を増やしてゆくには，以前から言われていることだが，幅広い裾野産業を着実に充実させる必要性がある。

第2節　交通インフラ整備と企業進出

　ハノイを中心とした広域都市エリアの交通インフラ整備は，日本からの円借款などを得て比較的順調におこなわれており，ASEANの大都市の中でも深刻な交通渋滞の到来の前にODA資金を有効に使って進められているという評価がある。象徴的なのは2014年12月に供用が開始されたハノイ・ノイバイ空港第2ターミナルと，市内に続く環状2号線の一部でもある2015年1月に開通したニャッタン橋であろう。ASEANの大都市でしばしば問題となる環状道路であるが，内環状の2号線（円借款，世銀融資）が供用中であり，高規格の高架式で外環状にあたる3号線（円借款）が2018年全線開通見込み，さらには外環道に相当する4号線の計画まである。ハノイ市内の鉄道計画は多く1号線と2号線が円借款，2A号線は中国ODA，3号線はフランスODAとADB融資でいずれも建設中である。このほか市内鉄道には4号線から8号線までの計画があり一部はFS中である。タイ・バンコクにおいては1990－2000年の高度経済発展期に，深刻な市内交通渋滞が長期にわたって発生したが，ハノイにおいては道路と公共交通機関の早期集中整備によりこれを緩和できるかも知れない。

　また周辺都市との接続であるが，ハノイ周辺では最大の都市で積み出し港でもあるハイフォンとの間のハノイ－ハイフォン高速道路（105.5km，6車線）が2015年12月に開通した。従来ハイフォン方向は国道5号線に頼っており，沿線には日系製造業が多く立地していることから，企業物流の利便性が高まるのと同時に，長期的にハノイ，ハイフォン両都市が100km圏で一体化する効果をもたらすと考えられる。

1. ハイフォン方面に増える新規投資

ハノイ市周辺では，2000年代の比較的早い時期にノイバイ空港にも近いタンロン1工業団地，クエボ1工業団地になどに，キヤノン，パナソニック，フォックスコンなどが進出した。サムスン電子は，ハノイ市内にも近いイエンフォン工業団地に第1工場，第2工場はタイグエン省との高速道路沿線が開通したハノイ市北部に立地した。東のハイフォン方面には，1990年代から野村ハイフォン工業団地などがあったが，国道5号線によるアクセス問題が常に指摘されていた。しかし5号線の改良が進み，ハイフォン周辺部にSEZ建設と日系，非日系の企業進出が大幅に増えた。さらに5号線の渋滞を回避すべくハノイーハイフォン高速道路が2015年に開通し，日本のODAで建設中のラックフェン国際港が完成すると，港湾としての貨物取り扱い量が大幅に増えることが見込まれている。LG電子はハイフォン市に近い10号線沿線のチャンズ

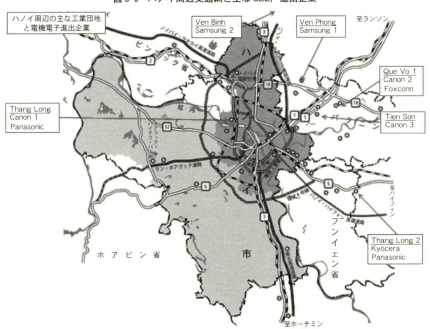

図3-3　ハノイ周辺交通網と主なSEZ，進出企業

出所：アジア経済研究所　石田正美氏作成地図に筆者加筆。

図 3-4 ハイフォン周辺交通網と主な SEZ，進出企業

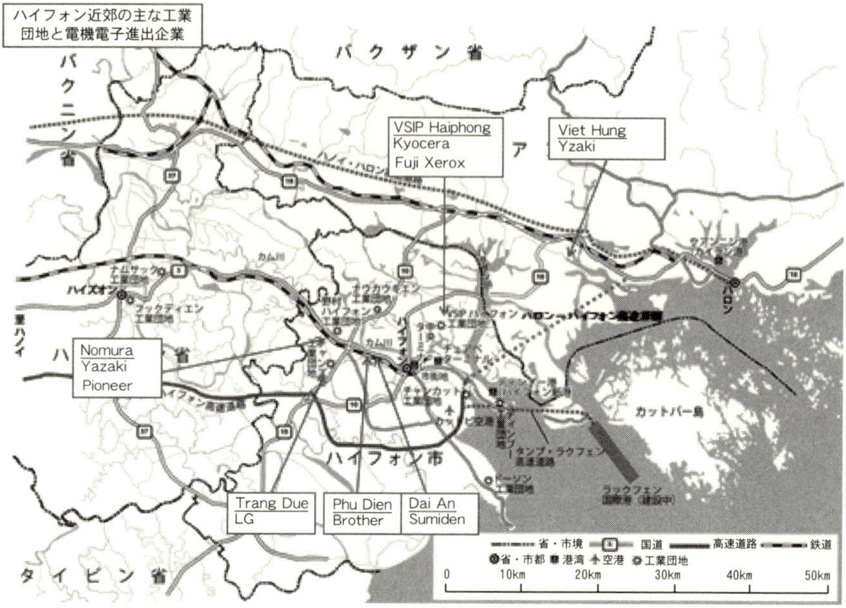

出所：アジア経済研究所　石田正美氏作成地図に筆者加筆。

工業団地に立地し，LG ディスプレイのような半製品生産子会社，韓国系の協力企業も含めて大規模な投資となっている。

2. 中国国境方面に中国企業の進出も

韓国企業のプレゼンスが大きくなる中，ハノイから北へ向かうと中国系繊維産業企業の進出もみられた。国道 18 号線をモンカイ国境方面へ北上すると，国境から約 40km 手前の地点に，天虹紡織集団（Texhong Textile Group）が5 億ドル以上を投資したとされる工業団地が造成されている。この企業グループは香港証券取引所に上場している，綿糸，合成繊維糸を中心とした中国大手繊維メーカーで，年商は約 2,000 億円（2016 年）である。工業団地内には，グループ会社とみられる染色・印刷をおこなっている工場などが進出しており，繊維産業の中では川上および川下工程にあたるグループ生産工場が集められていると思われる。ハロンの火力発電所から伸びた高圧送電線が工業団地内に引

き込まれており，合成樹脂の熱溶解工程などに大きな電力を必要としているのではないかと推測する。この数年のベトナムにおける外国投資案件の中には繊維産業に関連したものも多いが，中越国境から近い繊維産業の投資としては大型である。すでに米国が離脱を決めたTPPとの関連では，こうした投資にどのように織り込まれていたのかは不明だが，同社に関する報道などでは中国との比較において，ベトナムに生産コストの優位性があることが進出の理由とされている[8]。

3. 後退する陸路による越境サプライチェーン構築の機運

越境交通インフラについて，ASEAN域内では2007年AECブループリントと交通整備計画で進められたASEAN大の計画がある一方，主に1990年代からのADB（アジア開発銀行）主導によるGMS（拡大メコン圏）プログラムのようなサブリージョン単位での地域開発が並行しておこなわれてきた経緯がある。特にメコン地域における越境道路交通網とメコン川架橋は，現在ではかなりの部分がハード的に完成に至っている。

これにより製造業企業による国境を越えた工程間分業（フラグメンテーション）の可能性が注目され，陸路越境，小ロット，短時間輸送を前提としたサプライチェーンの構築について検討されてきた。その中でタイを中心とした，いわゆる「タイ＋1」は日系企業の間で一定の工程間分業の動きとしてみられた。藤村（2016）では，メコン地域における経済回廊の整備状況と日系企業の

表3-3 ASEANの都市化に伴う主な距離別交通インフラ整備項目

	～20km圏内 （都市内交通）	～50km圏内 （近郊接続）	～100km圏内 （郊外都市接続）	～500km （都市間・越境）
現時点で優先課題とすべき主な整備対象	交差点改良，地下鉄，高架鉄道，ライトレール，バスレーン，内環状線，都市高速	道路拡幅，高品質舗装化，外環状線，都市交通延伸	高規格道路，バイパス道路，車両重量規制，港湾設備，港湾進入路，中速鉄道	道路メンテ，重量規制，港湾設備，港湾進入路，国境措置の国内法制化，高速鉄道
主な目的	市内混雑緩和	都市機能広域化	産業集積広域化	越境サプライチェーン

出所：筆者作成。

動向を詳述した上で,「工程間分業型」の企業立地を最も興味深いとしながらも，このパターンに入るケースは思ったより少ない，としている。またその理由として越境交通インフラ整備のソフト面がハード面に遅れをとっている，ことをあげている。

　ASEAN の各大都市においては経済発展に際して，概して産業集積論でいう集積力が分散力を上回っていると言えるだろう。前述のように，ハノイを例にあげて都市化の進行に対する交通インフラ面の整備と企業進出状況を論じたが，産業集積内を例えば 100km 圏内のように括ってしまうのは大ざっぱに過ぎるであろう。都市が地域的にも機能的にも拡大を継続し維持するためには，交通インフラの整備は綿密な都市交通計画に沿ったこまめなものである必要があり，都市化の進行によりその重要度が増しつつある。大都市への集中が起き，同時に都市郊外地域へのアクセスが整備される中で，越境交通インフラを使った比較的長距離である 500km レベルの工程間分業は，業種，製品特性にもよるが依然ハードルが高い状態にあると考えられる。そのため（南部経済回廊のような距離の短い）都市間交通を除くと，陸路による越境サプライチェーンを恒常的に構築している企業物流の例は現時点では限られていると言えるだろう。

4. 電子通関システムによる貿易円滑化： VNACCS の例

　越境交通において，ハード面の整備が進んでいるのに比べてソフト面の遅れが指摘されてきた。ベトナムでは自動貨物通関情報システム（Vietnam Automated Cargo Clearance System: VNACCS）が 2014 年 4 月から稼働している。これは日本の NACCS（輸出入・港湾関連情報処理システム）をベースとし開発し，ODA 無償案件として提供されたベトナム向けの電子通関システムである。ASEAN の枠組みにおいては ASEAN シングルウィンドウ（ASW）に接続するため，各国が国内の電子システム（ナショナル・シングルウィンドウ：NSW）を開発することが必要となっていたため，2012 年に日本とベトナム両政府の間で合意された案件となった。VNACCS のできる業務とコード数については，① 輸出入通関関連（46），② 入出港関係（29），③ マニフェスト関連（32），④ 保税運送（12），⑤ 共通業務関連（13），⑥ 他省庁手続き関連

(17)，で合計コード数は149となっている。開発のベースとなった日本のNACCS（Air-NACCS, Sea-NACCS 計）の規模は大きく，コード数は824となっている[9]。VNACCSの導入による貿易実務の改善点はおよそ4点あり，①輸入申告から許可までの処理時間短縮，②輸入許可書の提示が不要でペーパーレス，③HSコード入力だけでインボイス作成が可能，④他省庁における申請手続きの完了が確認可能，となったことである[10]。

　VNACCS導入後の陸路輸入貨物受け取りの現場においては，審査により自動的にグリーン（簡易検査），イエロー（書類審査），レッド（検査扱い）に区分され，イエローと判定された貨物は駐車スペースで書類審査をおこない，レッドと判定された貨物は共同検査場（Common Control Area: CCA）で，両国の係官立ち会いで物的検査がおこなわれる。こうした「簡素化されたシングル・ストップ」が，将来はより多くの国境で実施される予定になっている[11]。VNACCSは稼働以来3年以上が経過しているが，ベトナムにおいて多くの企業により利用しているとされ，現地ではロジスティクス業者，製造業企業共に，通関にかかる時間，コストがVNACCSの稼働によって大きく改善されたとの声が聞かれた[12]。世界銀行による各国の投資環境を評価したDoing Business2017の貿易手続きに関するランキングで，ベトナムがマレーシアに次いでASEANの中で4位となっているのもこうした電子通関システムの貢献があると考えられる。またミャンマーについても，VNACCS同様NACCSをベースにした電子通関システムMACCS（Myanmar Automated Cargo Clearance System）が日本のODA無償案件で提供され，2016年11月から供用開始されており2017年から18年にかけて主要税関に導入される予定となっている[13]。

　こうしたICTを利用した電子通関システムは技術的な問題から長らく停滞していた時期があったが，一旦導入が始まると貿易円滑化には大きな効果があるとみられ，越境交通においての阻害要因を除去する一助となるだろう。

（春日　尚雄）

注
1 ベトナム計画省外国投資庁（FIA）。
2 通商弘報（2017年4月20日）およびJETRO資料。
3 NNA ASIA（2017年4月3日）。
4 JETRO資料から。
5 吉岡（2017）。
6 ベトジョー ベトナムニュース（2017年7月31日）。
7 外務省アジア大洋州局地域政策課（2017）「目で見るASEAN」。
8 NIKKEI Asian Review, Aug.10, 2015.
9 東京税関，VNACCS資料（2013年4月26日）。
10 ジェトロ「ハノイメールマガジン」2014年1月号。
11 石田・梅崎・山田（2017）38頁。
12 在ベトナム日系ロジスティクス企業，製造業ユーザーヒアリングから。
13 通商弘報（2016年11月30日）。2018年8月に現地調査したところ，現時点で一部の制限がかかっており，全ての機能が使えていないとのこと。

参考文献
石田正美・梅崎創・山田康博編著（2017）『タイ・プラス・ワンの企業戦略』勁草書房。
ジェトロ「世界のビジネスニュース（通商弘報）」各号。
藤村学（2016）「メコン地域における経済回廊と日系企業の展開」『季刊国際貿易と投資』2016年春号，国際貿易研究所（ITI）。
百本和弘（2016）「韓国企業のメコン地域戦略―ベトナムを中心に―」『季刊国際貿易と投資』2016年春号，国際貿易研究所（ITI）。
吉岡武臣（2017）「ASEAN4ヵ国（インドネシア，マレーシア，タイ，ベトナム）における工業製品の貿易」『経済統合で変化する投資環境と機械工業のASEAN投資』国際貿易研究所（ITI）。

（英語文献）
ASEAN-Japan Centre (2017). "Global Value Chains in ASEAN: A Regional Perspective", Peper1, Sep.2017.
World Bank (2016), *Doing Business 2017 Equal Opportunity for All*. http://www.doingbusiness.org/reports/global-reports/doing-business-2017

第4章
ブームが続く韓国企業のベトナム進出

要約

・韓国の対ベトナム直接投資が拡大している。近年は対 ASEAN 直接投資の4割がベトナムに集中している。
・韓国の対ベトナム直接投資は製造業の割合が高い。これは，韓国企業にとってベトナムが生産拠点としての性格が強いことを示している。
・韓国の対ベトナム直接投資は3回のブームがあった。第1次ブームは1990年代半ばで，アパレルなど労働集約型企業が進出した。第2次ブームは2000年代後半で，製造業に加え，資源開発，建設・不動産関連企業が進出した。第3次ブームは2010年代に入ってから現在まで続くもので，「ポスト・チャイナ」「脱中国」の最有力地として韓国企業がベトナムに集中して進出した。また，第3次ブームでは製造業の投資の主役は繊維・衣類からエレクトロニクスに代わっている。
・韓国企業にとって，生産拠点としての対ベトナム直接投資の魅力は，①中国などの既存のサプライチェーンが活用できる，②外資優遇措置を活用できる，③相対的に安価で，優秀な人材が確保できる，④韓国の企業文化と親和性が高い，⑤韓国系企業の集積が急速に進んでいる，である。他方，消費拠点としての魅力は，①若年層を中心に人口が多く，消費市場としての潜在力が大きい，②韓流が浸透し，韓国ブランドの商品・サービスが受け入れやすい，である。
・韓国エレクトロニクス・メーカーのベトナム集積は，サムスン電子の携帯電話第2工場建設が大きな契機になった。また，ベトナムの消費市場を狙って，特に，ロッテ・グループと CJ グループが活発な動きをみせている。

・在ベトナム韓国系企業は，人件費の上昇，原材料・部品調達の困難さなどの問題点に直面している。さらに，韓国企業自身の課題として，特定分野への直接投資の集中，不十分なM&A活用が挙げられる。
・人件費上昇などにもかかわらず，韓国企業のベトナム投資ブームは，今後しばらく持続するとの見方が韓国の専門家の間では有力である。
・日本企業の間には，ベトナムにおける韓国企業ビジネス獲得を目指した動きも出ている。

はじめに

　近年，韓国企業は中国に代わる生産拠点として，将来の消費市場として，ベトナムへの関心を高めている。韓国の対ベトナム直接投資は増加の一途で，その結果，ベトナムにとって韓国は日本と並ぶ2大投資受け入れ国の1つになっている。

　本章は，主に韓国側の各種機関の統計・発表資料，筆者による韓国・専門家インタビュー（政府系・民間研究機関等。2018年1～2月実施）などに基づいて，韓国企業のベトナム進出の経緯と現状をまとめることを目的としている。使用する統計データは執筆時の2018年5月下旬時点までのものに依拠している。

第1節　韓国の対ASEAN直接投資の動向

1.　対ASEAN直接投資の推移——近年はベトナムが4割を占める

　韓国の対ASEAN直接投資（実行ベース，以下同様）は2005年まで10億ドル未満の水準で推移してきたが，2006年以降急増し，2010年以降は40億ドルから50億ドルの水準で推移している（図4-1）。国別でみると，対ベトナム直接投資が多く，特に，2014年以降は，毎年，対ASEAN直接投資の4割がベトナムに集中している。

図 4-1　韓国の対 ASEAN 国別直接投資の推移（実行ベース）

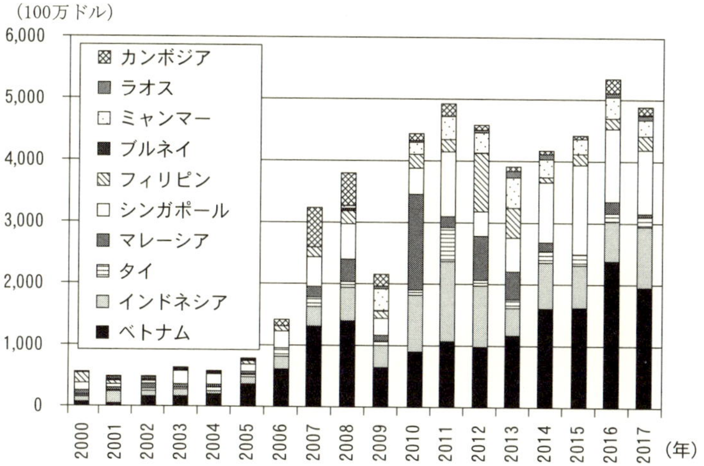
（100万ドル）
6,000
5,000
4,000
3,000
2,000
1,000
0
カンボジア
ラオス
ミャンマー
ブルネイ
フィリピン
シンガポール
マレーシア
タイ
インドネシア
ベトナム
2000
2001
2002
2003
2004
2005
2006
2007
2008
2009
2010
2011
2012
2013
2014
2015
2016
2017
（年）

注：本統計は過去に遡及して値が更新される傾向にある点に留意が必要（以下同様）。
資料：韓国輸出入銀行 海外経済研究所「海外投資統計」。

ASEAN 各国における韓国企業の進出状況を日本企業と比較すると，傾向はかなり異なっている。それをみるために，両国の直接投資残高，進出企業数，留学生を除く長期滞在者数を国別に整理した（表 4-1）。

直接投資残高（韓国は直接投資累計額）を比較すると，日本はタイ，シンガポール，インドネシア，ベトナムの順になっている半面，韓国はタイが 7 番目と下位にとどまる一方で，ベトナムが突出して多くなっている。この違いは両国企業の ASEAN 進出の時期の違いに起因する。日本企業は 1960 ～ 70 年代以降，ASEAN に積極的に進出してきた。現地国市場獲得狙いの比較的小規模な生産拠点，さらに海外市場を念頭に置いた低コスト生産拠点といった位置付けが多く，自動車などでは特にタイへの集積が目立った。一方，ASEAN 進出が日本企業に比べ大きく遅れた韓国企業の場合，タイは賃金など生産コストが上昇しており，生産拠点を構築するメリットが小さく，タイ国内市場もすでに日本ブランドが市場地位を築いていた。そのため，生産目的の進出は賃金水準がタイや中国を下回る国，市場獲得目的の進出でも日本企業が先行する国を回避し，現在は市場規模が小さいものの今後の消費市場の立ち上がりが期待される国を選好した。その結果，韓国企業はベトナムに集中することになった。

表 4-1　ASEAN 各国における日韓の直接投資残高，進出企業数，長期滞在者数の比較

国名（注1）	直接投資残高（注3）		現地進出企業数（注3）		留学生を除く長期滞在者数	
	韓国	日本	韓国	日本	韓国人	日本人
単位	100万ドル		社	拠点	人	
時点	2017年12月末	2016年末	2017年12月末	2016年10月1日	2016年12月31日	2016年10月1日
備考（注4）	①		②	③		④
資料	⑤	⑥	⑤	⑦	⑧	⑦
ベトナム	17,347	14,653	5,451	1,687	123,054	15,208
インドネシア	10,308	26,775	2,082	1,810	25,661	17,824
シンガポール	10,077	41,786	933	1,141	14,871	33,701
マレーシア	5,153	12,943	841	1,362	9,242	21,216
フィリピン	3,784	13,697	1,657	1,440	81,992	11,192
ミャンマー	3,111	n.a.	365	397	3,355	2,213
タイ	2,536	55,228	1,037	1,783	17,269	65,773
カンボジア	2,434	n.a.	877	270	10,037	2,753
ラオス	447	n.a.	137	130	2,930	728
ブルネイ	14	n.a.	33	13	453	147
ASEAN 計	55,212	n.a.	13,413	10,033	288,864	170,755
参考：中国（注2）	59,638	108,763	26,846	32,313	267,977	100,647

注1：国名の順序は韓国の直接投資残高（直接投資累計額）の多い順による。
注2：中国は香港・マカオを含まない。
注3：日韓の直接投資残高，現地進出企業数は定義が異なるため，両国の比較はできない。
注4：① 直接投資（実行ベース）累計額，② 新規設立現地法人数の累計（支店，連絡事務所は含まない），③ 拠点数（現地法人の拠点，支店・連絡事務所などを含む），④ 長期滞在者から「留学生・研究者・教師（本人＋家族）」を除いた人数。
資料：⑤ 韓国輸出入銀行 海外経済研究所「海外投資統計」，⑥ 財務省・日本銀行「本邦対外資産負債残高統計」，日本銀行「外国為替相場」よりジェトロ作成，⑦ 外務省「海外在留邦人数調査統計」，⑧ 外交部「在外同胞現況」。

　この傾向は長期滞在者数をみても同様である。タイ，シンガポール，マレーシアといった ASEAN 諸国の中で相対的に所得水準の高い国では日本人長期滞在者の数が韓国人長期滞在者を大きく上回っており，特にタイでは日本人の数が韓国人の 3.8 倍に達している。逆に相対的に所得水準の低いベトナム，インドネシア，フィリピン，カンボジアなどでは韓国人長期滞在者の数が日本人長期滞在者を上回っている。特に，ベトナムは韓国人が 12 万人超と日本人の 8 倍以上にも達している。

2. 業種別累計額でみた対ベトナム直接投資の特徴―高い製造業比率

2017年12月末時点の韓国の対ベトナム直接投資累計をみると，製造業比率（直接投資額全体に占める製造業の直接投資額の割合）は61.9％と，相対的に高い水準にある。ちなみに，製造業比率は対世界では31.8％，対アジアでは53.6％となっている。製造業比率の高さは，韓国企業にとってベトナムが生産拠点としての性格が強いことを示すものである。なお，業種別に対ベトナム直接投資累計額をみると，製造業の中では繊維・衣服が最も多く，次いでエレクトロニクスの順，非製造業では，鉱業，建設・不動産の順になっている。

第2節　対ベトナム直接投資の推移

1. 3回のベトナム投資ブーム

韓国の対ベトナム直接投資は1992年の両国の国交樹立を契機に立ち上がり，現在まで3回の投資ブームがあった（図4-2）。

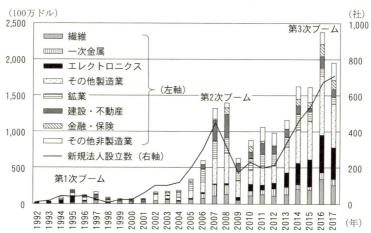

図4-2　韓国の対ベトナム直接投資の推移（主要業種別，実行ベース）

注：業種区分は原統計の大分類，製造業中分類を基に筆者が再構成した（以下同様）。
資料：韓国輸出入銀行 海外経済研究所「海外投資統計」を基に筆者作成。

(1) 第1次ブーム―労働集約型産業の進出

第1次ブームは国交樹立まもない1990年代半ばである。当時,韓国では人件費の上昇やウォン高により,アパレル,靴・皮革,電子部品など労働集約型産業で企業が苦境に立たされており,生産拠点を海外に移転させていた。移転先は韓国から近い山東省をはじめとした中国に集中したが,一部の企業はベトナムにも進出した。この時期に進出した代表的な事例として,ナイキ・ブランドのスポーツシューズなどを生産する泰光実業(1994年進出)が挙げられる。

(2) 第2次ブーム―資源開発,建設・不動産も進出

第2次ブームは2000年代半ばである。韓国の対ベトナム直接投資は2005年頃から急増し,2008年にピークに達した。2007年のベトナムの世界貿易機関(WTO)加盟も韓国企業のベトナムへの関心を高めた。製造業では労働集約型産業のみならず,金属など資本集約型産業での直接投資もみられた。後者については,2007年に南部のバリア・ブンタウ省で冷延鋼板工場建設を開始したポスコ[1],同年に中部のクアンガイ省で工場建設を開始した斗山重工業[2]などが挙げられる。非製造業では天然資源確保を狙った鉱業への直接投資や,ベトナム経済の将来性を睨んだ建設・不動産分野での直接投資が活発化した。特に,建設・不動産分野の投資が2007年に急増し,対ベトナム直接投資を大きく押し上げた。この点は,第3次ブームと様相が異なる。その後,2008年秋のリーマン・ショックの影響で,2009年に対ベトナム直接投資は急減し,ブームは一旦,沈静化した。

(3) 第3次ブーム―中国に代わる生産拠点,エレクトロニクス産業の集積

第3次ブームは2010年代で,現在に至るまで続いている。対ベトナム直接投資額は2014年にそれまで最高であった2008年を抜き,過去最高を更新した。さらに,2016年には2014年を大きく上回る23億7,000万ドルを記録した。新規法人設立数も,2013年以降,増加が続いている。2017年の対ベトナム直接投資額は前年を下回ったものの,依然,高水準であり,新規法人設立数が過去最高を更新している。

第3次ブームは,中国に代わる生産拠点としての浮上と,エレクトロニクス産業の集積によって特徴づけられる。このうち,前者については次のとおりである(後者については後述する)。

第3次ブームの契機になったのが，中国の生産コスト上昇である。1992年の中韓国交樹立を機に立ち上がった韓国の対中直接投資は，当初は豊富で低廉な労働力を活用する生産拠点の構築としての性格が強かった。1990年代半ばはアパレルなど労働集約型中小企業が大挙して進出し，2000年代に入ると大企業による大規模生産拠点の建設が相次いだ。しかし，2000年代半ばを過ぎると，状況が変わった。その象徴が2007年末から2008年春に相次いだ在中韓国系企業の撤退である。現地の韓国系中小企業が経営難に陥り，法人清算など正式な手続きを経ずに中国から撤退する事例が頻発した。2008年以降，中国に代わって生産目的の直接投資が相次いだのがベトナムであった。その意味で，韓国メディアではベトナムを「ポスト・チャイナ」「脱中国」などと呼ぶことが多い[3]。(生産目的の直接投資のみならず，現地市場獲得目的でも，後述するイーマートやロッテ・グループのように，重点国を中国からベトナムにシフトしている韓国企業もみられる。これらの事例も「ポスト・チャイナ」「脱中国」の範疇に入ろう。)

　実際，韓国の対中・対ベトナム直接投資を比較すると，対中直接投資が2007年をピークに，それ以降は伸び悩んでいるのとは対照的に，対ベトナム直接投資は2010年代に入り増加基調が続いており，対中直接投資額に対する対ベトナム直接投資額の比率は，2000年代半ばは2割前後であったのに対し，その後急上昇し，足元では7割前後に達している(図4-3)。ちなみに，外交部「在外同胞現況」によると，留学生を除く在中，在ベトナム韓国人長期滞在者数は，2010年末から2016年末に，前者が約3万人減少している半面，後者はベトナム北部を中心に約4万2,000人増加しており，好対照になっている(中国は香港・マカオを除く)。これは韓国企業の中国からベトナムへのシフトを象徴したものといえよう。

　ついで，第3次ブーム時の業種別動向をみると，第2次ブームまであまりみられなかったエレクトロニクスの直接投資が急増し，直接投資全体を引き上げたのが大きな特徴である。製造業全体に占める繊維・衣服，エレクトロニクスのシェアをみても，繊維・衣服の割合が低下した半面で，エレクトロニクスの割合は上昇が続いており，製造業における直接投資の主役の交代が確認できる(図4-4)。このような傾向を象徴するのがサムスン電子の動向である。同社

図 4-3 韓国の対ベトナム・対中直接投資の推移（実行ベース）

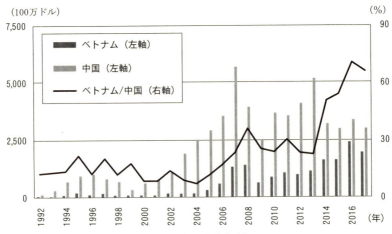

資料：韓国輸出入銀行 海外経済研究所「海外投資統計」。

図 4-4 繊維・衣服，エレクトロニクスの対ベトナム直接投資の推移（実行ベース，製造業比）

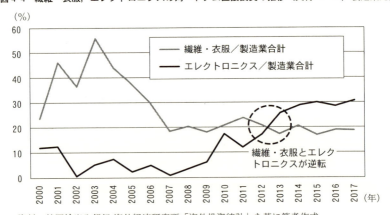

資料：韓国輸出入銀行 海外経済研究所「海外投資統計」を基に筆者作成。

は，かつては中国を中心に携帯電話を生産していたが，2009年にベトナム北部で生産を開始して以来，グローバル生産の中心を中国からベトナムに段階的に移している。

　韓国企業の活発なベトナム進出の結果，韓国にとって直接投資先としてのベトナムの位置付けは非常に大きくなっている。韓国輸出入銀行海外経済研究

所「海外投資統計」によると，2017年12月末における韓国の対ベトナム直接投資累計額は，投資先国・地域別で米国，中国，ケイマン諸島，香港に次いで第5位の約173億ドルに達している。在ベトナム韓国系企業は地域的には，ホーチミン市を中心とした南部に4割強，ハノイ市を中心にした北部に6割弱が所在している（直接投資累計額ベース）。また，製造業に限ると，南部は労働集約的な繊維・縫製業が多い一方，北部にはエレクトロニクス，ハイテク型企業が多い。後者については，ベトナム北部が中国華南に隣接しており，同地域のサプライチェーンを活用しやすいことが投資集中の大きな理由になっており，また，近年の対ベトナム直接投資の増加が顕著なのもベトナム北部である。

さらに，ベトナムにとって日本と韓国が2大投資受入れ国になっているが，最近の両国からの大型投資の特徴には差異がみられる。ベトナム・外国投資庁によると，韓国からの大型投資は製造業，特にエレクトロニクス関連に集中している。ベトナムの2016年の新規投資案件の上位5位（認可額ベース，以下同様）の中に，韓国企業は1位LGディスプレイ（ディスプレイ製造，15億ドル），2位LGイノテック（カメラモジュール製造，5億5,000万ドル），5位ソウル半導体（LED製造，3億ドル）・サムスン電子（電子電機製造，3億ドル）[4]が入り，2017年の投資案件の3位にサムスンディスプレイ（加工・製造，25億ドル）が入っているが，いずれもエレクトロニクス関連である。他方，日本は，2017年の投資案件の1位に丸紅などによるギソン第2石炭火力発電所（27億9,300万ドル），2位にバンフォン第1石炭火力発電所（25億8,000万ドル）が入っており，大型案件としてはインフラ関連の案件が占めている（以上，ジェトロ「通商弘報」2017年1月27日，同2018年2月7日による）。

なお，郭性日・李在浩（2016）は「特に，リーマン・ショック以降，韓国の対ベトナム投資はある程度，多角化で成果を収めているが，日本と比較すると，特定部門に依然，集中している」と述べ，韓国の対ベトナム直接投資が特定産業に集中していることを特徴として指摘している。

2. 韓国企業にとってのベトナムの魅力

韓国企業にとってベトナムに投資する魅力とは何であろうか。以下で生産拠点としての魅力，消費市場としての魅力に分けて整理する。

(1) 生産拠点としての魅力—「ポスト・チャイナ」「脱中国」の本命

近年，対ベトナム直接投資を牽引しているのは製造業である。2012年以降，対ベトナム直接投資全体に占める製造業の割合は上昇傾向にある（図4-5）。これは前述のとおり，中国に代わる生産拠点として，「ポスト・チャイナ」「脱中国」の本命として，ベトナムに製造業の直接投資が集中していることを反映したものである。

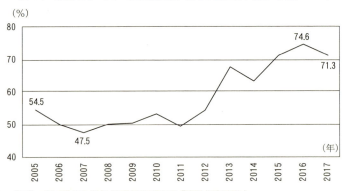

図4-5 韓国の対ベトナム直接投資額に占める製造業の割合（実行ベース）

資料：韓国輸出入銀行 海外経済研究所「海外投資統計」。

それでは，韓国製造業企業がベトナムを中国に代わる最有力の生産拠点として位置付けている理由は何であろうか。専門家インタビューでの指摘などから次のようにまとめられる（ただし，各項目の重要性の順位は産業・企業によって異なるため，一概にいえない）。

① ベトナムには地理的利点がある。中国華南に隣接し，韓国からも遠くないため，両国の原材料・部品のサプライチェーンを活用できる。これは特に，ベトナム北部で該当する。

② ベトナム政府は政策に大きな振れがなく，宗教対立など国内の対立もないため，政治・社会が安定している。その中で，ベトナム政府が外国企業誘

致のために優遇政策を取っている（ただし，労働集約型産業に対する優遇措置は縮小）。
③　ベトナムは教育水準が高く，人口構成も若いため，若くて優秀な人材が獲得しやすい。また，ベトナムの賃金水準は中国に比べ，かなり低い。ベトナムの賃金水準は上昇傾向にあるものの，それは周辺国でも同様であり，賃金上昇がベトナムの相対的優位性に大きな影響を与えるものではない。
④　ベトナムは韓国と同じく儒教文化圏・漢字文化圏に属する。ベトナム人は韓国人と同じく勤勉で向上心が旺盛である。従って，ベトナムは韓国の企業文化と親和性が高い（これらの点は，韓国の専門家が共通して指摘するポイントである。かつてある専門家は「ベトナムは東南アジアというより北東アジアに属するとみるべき」と評していたが，ASEAN諸国の中でベトナムが際立って韓国企業との親和性が高いとみられている）。
⑤　さらに，韓国系企業の集積効果が指摘できる。特に，エレクトロニクス業界では，韓国企業のベトナム進出に伴い，当該企業に納品している系列の韓国企業のベトナム進出が進展しつつある。

(2)　消費拠点としての魅力―韓流ブームが後押し

　生産拠点構築を目的とした直接投資とともに，ベトナムの消費市場の取り込みを狙った動きも幅広く見られる[5]。

　ベトナムの1人当たりGDPは2,186ドル（2016年値，世界銀行による）と低水準であり，消費が本格的に立ち上がる段階ではない。しかし，この水準は10年前の中国（2006年2,099ドル，同）をやや上回る同水準であり，今後，ベトナム経済の成長と共に，中国と同様に消費市場の本格的な立ち上がりが期待できる。一方，ベトナムは9,370万人（2017年上半期推計，統計総局）の人口大国であり，かつ，若年層が多く，将来，まとまった規模の消費市場になることが見込まれている。さらに，ドラマをはじめとした「韓流」の人気がASEAN諸国の中でも特に高いことが，韓国ブランドの消費財・サービス販売の追い風となっている。

　以上の結果，将来のベトナムの消費市場の本格的な成長を先取りするかたちで，韓国企業のベトナム進出が活発になってきている。

第3節　最近の主な韓国企業のベトナム進出事例

1. 生産拠点構築を目的としたベトナム進出事例

　生産拠点構築目的の直接投資として，特に目立った動きがある業種がエレクトロニクス産業と繊維産業である。さらに，ベトナムを ASEAN 市場向け生産拠点として位置付ける動きも出てきている。それぞれについては次のとおりである。

(1) エレクトロニクス産業―サムスン電子の携帯電話工場がきっかけ

　エレクトロニクス産業の直接投資は第2次ブームの頃までは限定的であった。その後，第3次ブームになって急速に立ち上がったが，そのきっかけになったのがサムスン電子の携帯電話生産拠点の構築である。同社はそれまで，中国を携帯電話のグローバル生産拠点としていたが，ベトナム北部のバクニン省で25億ドルを投資して2009年に携帯電話の生産（第1工場）を開始し，ついで，近隣のタイグエン省に50億ドルを投じ，第2工場を建設し，2014年から生産を本格化した。大規模生産拠点の立地先としてベトナムを選定したのは，①中国一極集中のリスクを回避，②人件費が中国よりはるかに安価，③ベトナム政府が税制優遇措置を付与，④原材料・部品調達先の中国・韓国から地理的に近い，といった理由によるものとみられている。

　同社の第1工場生産開始時は，必要な原材料・部品の大部分を中国，ついで韓国，さらにはドイツ・日本などから輸入し，ベトナムでは低廉な労働コストを活用し，組み立てだけを行う傾向が強かった。しかし，第2工場の生産開始を契機に，ベトナムでの原材料・部品調達に注力している。こうした結果，tier1，tier2 の韓国企業がこぞってベトナムに進出している。サムスン・グループでは，サムスン SDI がバクニン省に携帯電話用電池工場を，サムスン電機がタイグエン省に携帯電話部品工場を，サムスンディスプレイがバクニン省に携帯電話用ディスプレイ・モジュール工場をそれぞれ建設するなど，各社がサムスン電子の携帯電話工場近辺に進出した。ちなみに，セットメーカーのベトナム進出によって，系列メーカーのベトナム進出が誘発されているのはサムス

ン・グループのみならず，韓国企業全般に当てはまる。郭性日・李在浩 (2016) は，「例えば，サムスン，斗山，LG，ポスコ，CJ などの大規模追加投資は韓国系中小企業の有意な増加をもたらした」「大企業の投資が韓国系中小企業のベトナム投資を牽引した」と述べている。

　サムスン電子はさらに 2014 年 10 月にホーチミン市に家電生産拠点を建設すると発表した（韓国メディアの報道によると 2016 年上半期に生産を開始している）。同社では「新興国をはじめ，世界で拡大する家電製品の中長期需要に合わせるとともに，テレビ事業の世界トップシェアを守るための生産基地として活用する予定」（同社プレスリリース，2014 年 10 月 6 日）と発表した。同社では投資金額は 5 億 6,000 万ドルと発表したが，韓国メディアによるとこれはテレビ部門の投資額で，エアコン，洗濯機，冷蔵庫などを含めると総額 14 億ドル（後に 20 億ドルに増額）と報じた。サムスン電子の動きについて，「韓国経済新聞」(2016 年 8 月 16 日，電子版) は「サムスン電子は 2014 〜 15 年の 2 年間にわたり，中国，タイ，韓国などにある携帯電話，家電生産ラインを果敢にベトナムに移転した。(中略) サムスンディスプレイ，サムスン電機など系列社の工場も当然，ベトナムに集中した」と述べている。

　以上のように，ベトナムに集積したサムスン・グループは，ベトナムの輸出に大きく貢献している。サムスン電子の携帯電話生産・輸出拡大を契機に，ベトナム最大の輸出品目は 2013 年に従来の「縫製品」から「電話機・同部品」に入れ替わった。「聯合ニュース」(2018 年 1 月 3 日) は「2017 年のサムスン電子と系列企業の輸出額は 510 〜 520 億ドルと推定される」「これはベトナムの輸出総額の 24 ％あまりを占める」と伝えている。

　サムスン電子の後を追うように，LG 電子もベトナム北部・ハイフォン市に大型生産拠点を構築している。同社は，工場の竣工式に際して，「2013 年下半期から 15 年間を掛けて，約 15 億ドルを投資する計画」「テレビ，携帯電話，洗濯機，掃除機，エアコン，IVI（車載インフォテインメント）などを生産する」と発表した（同社プレスリリース，2015 年 3 月 27 日）。LG 電子に続き，2016 年に LG ディスプレイ，LG イノテックといったグループ他社もハイフォン市での生産拠点建設決定を発表している。「聯合ニュース」(2015 年 3 月 27 日) は「（ハイフォンで）既存の主力製品から次世代の戦略製品まで LG 電子

の生産品目の大部分を生産する体制である」「(LG電子では)ベトナムの現地人材の人件費は中国の半分の水準であり雇用の安定性も高いことから，コスト競争力を十分に確保できると期待している」と報じた。また，「毎日経済新聞」(2016年1月12日)はタイのテレビ生産ラインをベトナムに移転したことに言及するとともに，「2015年3月に竣工したハイフォンのテレビ生産ラインはまだ(計画の)半分程度だが，東南アジア北部の需要に対応する以上の生産を行っている」「残りの生産設備が入ればハイフォン工場は域内生産基地を超え，LG電子の世界進出の橋頭堡になる」と，同社のハイフォン拠点の位置付けを紹介している。さらに，「韓国経済新聞」(2016年8月16日，電子版)は，「LGが中国，インドネシア等に分散しているアジアの生産拠点を大部分，ハイフォンに集中することにした」と伝え，中国・山東省青島市の生産拠点から携帯電話(LG電子)，パネル・モジュール(LGディスプレイ)を，江蘇省南京市の生産拠点から洗濯機(LG電子)などをそれぞれハイフォン市の生産拠点に移管すると報じた。

(2) 繊維産業─米国のTPP離脱で進出速度鈍化も

　繊維産業でのベトナム進出は両国の国交樹立後から見られたが，2000年代に入ってから一段と進出が進んだ。ベトナムが環太平洋パートナーシップ(TPP)協定交渉に加わっていたことも，韓国繊維メーカーのベトナムへの関心を強めた。それは，「TPPでヤーン・フォワード・ルールが適用される繊維製品では，原産地の条件を満たせば米国などTPP加盟加国でベトナム生産品の輸入関税が削減されるため，現地市場で中国製品に対する巻き返しが期待できる」というものであった。筆者がかつて聞いた在ベトナム韓国系紡織メーカーは「ベトナムは，人件費は安くても原材料の国内調達に難があるため，関連産業の集積している中国に比べると生産コスト全体でみると高くなる。しかし，TPPが発効すれば当社の製品は原産地認定を受けられる。米国向けの輸出増加が最も期待されるが，オーストラリア，ニュージーランドへの輸出増加も期待している」とTPP発効に高い期待感を示していた(日本貿易振興機構(ジェトロ)(2014))。韓国メディアでも同様の報道が見られた。「聯合ニュース」(2015年11月5日)は韓国側の産業別影響に言及したTPP協定文公表直後の記事の中で，「繊維業界はTPPが(ベトナムの)繊維素材輸出拡大にプラ

スになるとみている。衣類の最大の消費市場である米国や日本でベトナム産繊維・衣類製品に賦課される高い関税が撤廃されるためである。特にベトナムに工場を有している企業を中心にメリットを期待している」と報じた。経済週刊誌「毎経エコノミー」(2016年1月1日〜5日号) は「ハンセ実業，ヤングワン貿易，太平洋物産，ヒョンジ，SG忠南紡績，日新紡績などがすでにTPP発効に備え，(ベトナムで) 工場増設に動いている」とし，主要な韓国系繊維メーカーが一斉にベトナム生産拠点を拡充していることを伝えた。

　ところが，2017年1月にトランプ政権が発足し，早速，TPPからの離脱を決定したため，TPPを利用したベトナムから米国への繊維製品輸出が当面，望めなくなった。米国のTPP離脱と後述する人件費上昇は，ベトナムでの繊維製品生産のメリットを低下させることとなった。韓国輸出入銀行海外経済研究所「海外投資統計」によると，2017年の繊維の対ベトナム直接投資は2億6,700万ドルと，2016年を22％下回った。ただし，この水準は2016年に次ぎ過去2番目に高い水準であり，直接投資が激減したわけではない。実際，すでにベトナムに進出している韓国企業の中には，トランプ政権発足後もベトナム生産を強化する動きもある。ここで紹介するのは韓国からベトナムへの生産移管の事例であるが，例えば，2017年7月，紡績大手の京紡は，約200億ウォンを掛け，国内（光州）の綿糸工場の一部をベトナムに移転する決定をした。その理由について同社会長は「ベトナムの人件費は韓国の10分の1水準」「事業を行う際，最も恐れるのが不確実性だが，ベトナム（の事業環境）は予測可能」(「韓国経済新聞」，2017年7月24日，電子版) とコメントした。このニュースは韓国の最低賃金の大幅引き上げ[6]により企業が海外移転する代表事例の1つとして報道され，波紋が広がったため，同社は10月にベトナム移転計画を一旦，保留すると発表せざるをえなくなった。しかしながら，同社は結局，国内綿糸工場の一部のベトナム移転を正式発表した (2018年4月26日付け公示)。このような流れは他社にも広がっているようで，「国際繊維新聞」(2018年1月15日，電子版) は「ベトナムにすでに進出している京紡，日新紡績，東一紡績，クギル紡績などが韓国国内工場の追加移転を今年，本格化する方針」と報じていた。

　米国のTPP離脱とベトナムの人件費上昇という悪材料をどのように評価す

べきであろうか。韓国国内でも見方はやや別れているようである。

　非常に厳しい見方として，例えば，クォンジュンホァ（2017）は「米国のTPP離脱がベトナムに進出した韓国の繊維産業に否定的な影響を及ぼすものと予想される」と結論付けている。専門家インタビューでも，ある専門家は「すでにベトナムに進出している企業はともかく，ベトナム進出を検討していた企業は結論を見合わせている」と指摘した。さらに，足元で，正式な撤退手続きなしにベトナムから撤退する韓国系企業の事例が聞かれるが，いずれも繊維メーカーである。このことはベトナムの繊維産業が曲がり角に差し掛かっていることを示唆しているともいえよう。

　その一方で，それほど厳しくない見方もある。専門家インタビューでは，別の専門家の中には「ベトナムの優位点が依然として残されている」「ベトナム進出の速度が多少，鈍化したが，影響は大きくなかった。ベトナムに代わる進出先が見当たらないため」との指摘もあった。前者の指摘については，①ベトナム製繊維製品の品質，価格，納期が評価されていること，②TPP以外のFTAを利用した輸出が期待できること，③従来脆弱だった川上部門への外資企業進出により産業競争力が高まっていることなどが挙げられる。このうち，TPP以外のFTAの例として，EUベトナムFTAが挙げられる。同FTAの第4条第3条7項で，韓国産織物を使用しベトナムで衣類製品を生産した場合に，条件付きでベトナム産として認定することが規定されており，韓国企業にとってベトナム生産の誘因の1つになっている。他方，「ベトナムに代わる進出先が見当たらない」という指摘に関連して，繊維の国別対ASEAN直接投資の推移を点検すると，2000年代半ば以降，ベトナムが圧倒的に多い。一部の直接投資が2012～13年頃にカンボジアに，2013～14年頃にミャンマーに流れたが，それらは一時的な現象にとどまり，その後の韓国企業の進出は低調である。これらの国の繊維産業の事業環境がベトナムを凌駕するものではなかったためである。

(3)　ASEAN諸国向け生産拠点としてのベトナム—AECが後押し

　ベトナムに進出している製造業はエレクトロニクス，繊維のみならず，幅広い業種にわたっている。その中には，ベトナムをASEAN向け生産拠点と位置付ける動きも散見される。例えば，暁星はバリアブンタウ省に石油化学工場

を建設し、製品をベトナムのみならず、東南アジア市場に供給していく計画を明らかにしている（「毎日経済新聞」2017年2月7日、電子版）。また、後述のとおり、CJ第一製糖は2017年8月に建設計画を発表した食品工場の製品をベトナム市場のみならず、ASEAN諸国向けにも投入する予定である（同社プレスリリース、2017年8月2日）。

これに関連して、郭性日・李在浩（2016）は「韓国（企業）がベトナムに投資を拡大させた理由は、（中略）東南アジアの生産拠点としてベトナムを活用することにした内部戦略のため」と述べている。専門家インタビューでも「ASEAN経済共同体（AEC）成立により、ベトナムがASEAN諸国向け生産拠点として規模の経済を追求できるようになった」と指摘されていた。

2. 消費市場の獲得を目的としたベトナム進出事例
（1） 積極的な進出が目立つロッテとCJ

企業グループ別にみると、特に、ロッテ・グループ、CJグループのベトナム消費市場への進出が特に目立つ。

ロッテ・グループは、地上配備型ミサイル迎撃システム（THAAD）配備のための敷地提供に対する中国政府の「報復」を受けた。そのため、ロッテマートの中国からの撤退を進めるなど、同グループの中国ビジネスは曲がり角を迎えている。それとは対照的に、ベトナム事業の強化を図っており、ロッテホテル、ロッテショッピング（ロッテ百貨店、ロッテマート）、ロッテリア、ロッテ資産開発、ロッテカードなどグループ各社が幅広く進出している。その1つの象徴が2014年9月にハノイ市にオープンした超高層ビル「ロッテセンターハノイ」である。地上65階、地下5階、延べ面積253,402 ㎡の大型複合施設で、ロッテマート、ロッテ百貨店、ロッテホテルなど、グループ各社が集積している。かつて、筆者によるインタビューでロッテホテルハノイ総支配人は「グループ各社が1ヵ所に集中して進出することでシナジー効果が見込まれる」「ベトナム市場で先行することで、将来、拡大する市場を取り込める」と、その狙いを語っていた（日本貿易振興機構（ジェトロ）[2014]）。ハノイ市ではさらに、2017年1月、ロッテ資産開発が複合ショッピングモール「ロッテモールハノイ」の建設計画も発表している。

他方，ホーチミン市では，同市2区のトゥーティエム新都市区都市地域で「エコ・スマートシティー」の開発を行う。これは，百貨店，ショッピングモール，シネマコンプレックス，ホテル，オフィス，レジデンスなどが入った複合施設を2021年までに建設するものである。韓国の各メディアは総事業費2兆ウォンと報じた。他方，ベトナム・外国投資庁によると，同プロジェクトの投資認可額は8億8,600万ドル，2017年のベトナムの対内直接投資案件の中で，韓国企業としてサムスンディスプレイに次ぐ2位，全体では6位にランクされた大型プロジェクトである。

CJグループもベトナム事業に注力している。2012年4月，同グループの李在賢会長は「CJグローバル・カンファレンス」で「ベトナムを韓国，中国に次ぐ『第3のCJ』にしなければならない」と宣言した。同グループは「2020年にグループ売上高100兆ウォン，営業利益10兆ウォン，海外売上高比率70％の達成（グレートCJ）」を目標として掲げており，その中でベトナム・ビジネスに大きな期待を掛けている。現在，食品，文化，流通の各分野を軸に，グループ各社が一斉にベトナムに進出している。具体的には，ベーカリーチェーン「トゥレジュール」を展開するCJフードビル，テレビ通販のCJオーショッピング，シネマコンプレックスを展開するCJ CGV，食品のCJ第一製糖，物流のCJ大韓通運などがベトナムで事業を展開している。

このうち，CJフードビルは2007年6月に「トゥレジュール」ベトナム1号店を開店した。その後，事業は順調に立ち上がったが，これについて同社では「商品の種類をローカル・ベーカリーの3〜4倍にし，顧客の選択の幅を広げた」「参入初期にトップシェアのローカル・ベーカリーの店舗に隣接して店舗展開し，競争を通じてベトナム市場の理解に努めた」「テイクアウトのみだった既存ベーカリーと差別化すべく，テラスのあるベーカリーカフェ・モデルを投入した」「オートバイ・バレットサービスを実施した」（同社プレスリリース，2011年6月22日）と発表している。

また，CJ第一製糖は2016〜17年にベトナムの食品企業3社を買収，さらに，2017年8月に700億ウォンを投じ，ホーチミン市に食品工場を建設すると発表した。同社では「韓国料理の代表ブランド『ビビゴ』を中心にベトナム・東南アジア全域に事業を拡大し，『K-Food』ライフスタイルを広めてい

く」「2020年にベトナム食品市場で売上高7,000億ウォンを達成する方針」（同社プレスリリース，2017年8月2日）と抱負を明らかにしている。

　CJグループの中にはベトナム消費財・サービス市場でトップシェアを獲得するなど，すでに成果を挙げている事業もある。トゥレジュールは「2010年から出店を加速化し，ベトナム市場でナンバー1のベーカリーの座にある」（CJフードビル・ウェブサイト），CJ CGVは「ホーチミン市だけで18カ所あるほどで，ベトナムの映画館市場の50％以上を占めている」（KBSニュース，2017年11月11日）。ちなみに，同社は2017〜20年の4年間で2億ドルを投じ，毎年12〜15ヵ所の複合映画館を開業していく計画である。

(2)　その他のベトナム進出事例―小売り，外食，都市開発，自動車，金融

　ロッテ・グループ，CJグループ以外でもベトナム進出事例が幅広く見られる。

　スーパーマーケットでは，韓国国内シェアトップのイーマートが2015年，ホーチミン市にベトナム1号店を開店した。同社は1997年に中国に進出し，ピーク時の2010年には26店舗を運営していたが，業績悪化が続いたため，店舗網を縮小，その後，タイのCPグループに売却し，中国から撤退した。中国に代わり注力している国の1つがベトナムである。「聯合ニュース」（2018年1月25日）は「ホーチミン2号店を，2019年上半期開店を目標に5月に着工予定だ。イーマートはホーチミン3〜4号店開店も準備中で，（中略）ベトナムを拠点にカンボジアとミャンマーなど周辺国進出にも速度を上げる方針」と伝えている。

　また，コンビニエンスストアでは，2017年7月にGSリテールがソンキム・グループと合弁会社を設立，2018年1月にコンビニエンスストア・チェーン「GS25」のベトナム1号店をホーチミン市に開店した。GSリテールは，当面，ホーチミン市の都心に店舗を集中展開し，ブランド認知度を高めた後，郊外に出店，さらに2020年までにハノイ市に進出，合弁パートナーの不動産ノウハウを生かしつつ，今後10年間で，ベトナム全土で2,000店以上（メディア報道によっては2,500店と報道）の店舗展開を目指している。

　外食チェーンについては，直接投資というよりは主にフランチャイズ契約による事業展開であるが，農林畜産食品部の調査によると，2017年10月現在，

ベトナムにおける韓国系外食チェーンの店舗数は322店で，中国（2,942店），米国（1,279店）に次ぐ3位となっている。ちなみに，2013年の店舗数は242店だったので，4年間で80店増えたことになる。

これらは，韓国の外食チェーンが東南アジアの中でも特にベトナム事業に注力していることを示すものである。例えば，MPKグループは2016年5月，現地企業とピザ専門店「ミスターピザ」のフランチャイズ契約を締結，同年12月，ベトナム1号店をハノイ市に開店した。同グループでは「ベトナムは若い消費者層が多い上に，韓流ブームで韓国料理に対する関心も高まっており，現地市場進出が成功裏に進みうるとみている」（「聯合ニュース」，2016年12月26日）としている。

都市開発では，前述のロッテ・グループの取り組み以外にも，GS建設がホーチミン市7区フーミーフン地域で新都市開発を進めている。韓国メディアでは2019年に分譲を開始する計画と報じられている。

耐久消費財のうち，自動車では，2017年に現代自動車が商用車，乗用車の合弁生産拠点をそれぞれ構築している。特に注目すべきなのが乗用車生産拠点である。乗用車の年間生産能力は5万台強と，比較的小規模であるが，専門家インタビューでは「当面，その程度の規模で生産し，状況をみる考えであろう」との見方も聞かれた。

金融は，対個人サービス，対事業所サービスの双方が含まれるが，銀行，保険会社など，各機関が幅広くベトナムに進出している。従来の在ベトナム韓国系企業・在住韓国人を対象にしたビジネスからベトナムの一般企業・消費者を対象にしたビジネスに踏み込み始めたのが最近の特徴である。最も積極的なのが新韓金融グループである。同グループの新韓銀行は2017年12月，現地法人の新韓ベトナム銀行を通じ，オーストラリア・ニュージーランド銀行（ANZ）ベトナム・リテイル部門を買収した。新韓銀行では「今回の買収により，新韓ベトナム銀行は総資産33億ドル，信用カード会員24万人，総顧客数90万人，役職員1,400人余りのベトナム・トップの外資系銀行になった」「特に，リテール貸出部門で（中略）ホーチミン，ハイノ地域で現地の銀行と対等に競争できる中堅銀行に飛躍した」（同社プレスリリース，2018年1月2日）と述べている。次いで，KB金融グループは，KB国民銀行がベトナムで低所得者

向けにマイクロファイナンス事業を行っており，KB 損害保険は現地在住韓国人からベトナム人への顧客層の拡大を目指している。また，KB 証券は 2017 年 10 月にハノイ市のマリタイム証券を買収している。

第 4 節　韓国企業のベトナム事業の収益性と問題点・課題

1. 在ベトナム韓国系企業の収益性—アジア平均を下回る

ベトナムに進出した韓国企業は十分な成果を挙げているのであろうか。

在ベトナム韓国系企業の収益性は高いとはいえない。韓国輸出入銀行は外国為替取引規定第 9-9 条第 1 項に基づき，毎年，韓国企業の海外現地法人の経営状況[7]を調査，発表している。それによると，過去 5 年間の在ベトナム韓国系企業の売上高営業利益率，売上高当期純利益率は在アジア韓国系企業の平均値を上回ったことは一度もない（表 4-2）。なお，同行では，業種別や進出年別の在ベトナム韓国系企業の経営指標を公表していない。

表 4-2　在ベトナム韓国系企業の収益性の推移

（単位：%）

年	売上高営業利益率			売上高当期純利益率		
	ベトナム	アジア計	世界計	ベトナム	アジア計	世界計
2012	2.4	3.4	3.6	0.4	2.2	2.2
2013	4.0	4.0	3.6	1.9	2.6	1.8
2014	2.3	3.4	3.2	0.6	2.6	1.7
2015	2.0	3.9	2.4	△ 0.6	1.9	△ 0.6
2016	3.3	3.7	2.5	1.8	2.9	1.4

注：対象は投資残高 100 万ドル超の非金融・保険業現地法人（製造業、サービス業など）。ちなみに，2016 年の回答企業数は 812 社。
資料：韓国輸出入銀行「海外直接投資経営分析」。

在ベトナム韓国系企業の収益性が高くないことをどのように解釈すべきであろうか。チョンジュンモ（2016）は，「ベトナム進出企業の経営成果，投資収益率は現段階のところ，投資初期の段階であるために低調な状況」と述べてい

る。韓国専門家インタビューでは,「進出して間もない企業が多いため,減価償却負担が重く,収益性は低くならざるを得ない」「例えば,ベトナム現地法人が単純な組み立て工程にとどまっていれば,現地法人の収益性は低くなる。連結ベースで収益性を評価すべきである」といった指摘がなされた。

2. 在ベトナム韓国系企業が直面している問題点

在ベトナム韓国系企業はさまざまな事業環境上の問題点に直面している。

大韓貿易投資振興公社（KOTRA）が運営する「海外投資進出情報ポータル（OIS）」では,ベトナムの投資環境のうち「ネガティブな変化」として,「行政体制麻痺による非効率性」「投資費用の急騰（人件費,工業団地賃貸料等）」「インフラ不足」「専門人材の不足」「部品・素材産業の脆弱性」「中産階層の未発達」を挙げている。郭性日・鄭在完・金帝國・申珉伊（2017）は,在ベトナム韓国系製造業企業（中堅・中小企業）59社から回答を得たアンケート調査の結果,「隘路事項」として「現地の賃金上昇」が最も多く指摘され,ついで,「労働力の質」「曖昧な各種規定」などが多く挙げられたことに言及している。また,専門家インタビューで指摘された問題点は,熟練工の不足,賃金上昇率や従業員の離職率の高さ,裾野産業の未発達による原材料・部品の現地調達の困難さ,法制運用の不透明性,インフラ不足などであった。

(1) 人件費上昇が最大の問題

前述の郭性日・鄭在完・金帝國・申珉伊（2017）でのアンケート結果にもあるように,在ベトナム韓国系企業全般にとって,最大の問題は人件費の上昇であろう。

チョジェハン（2016）は,ベトナムの人件費は数年内に労働集約型産業の生産拠点としての地位が揺らぎ始めた2000年代後半の中国並みになると展望した上で,「在中韓国系企業や韓国企業が労働コストのみを考慮してベトナムに進出する戦略は,早い時点で困難に直面するものとみられる」と警鐘を鳴らした。

また,郭性日・鄭在完・金帝國・申珉伊・羅美玲（2016）は「継続する賃金上昇,低い労働生産性,専門人材の不足などの労働関連問題を隘路事項に挙げる企業も多い」「既存の労働集約型産業の海外投資企業や同産業に進出を計画

中の企業はこの点を十分に考慮すべき」とし，さらに，就業者が製造業を避ける傾向，理工系人材不足，中間管理職不足といった点にも言及している。

さらに，最近になって，人件費上昇などのため，正規の手続きを踏まずに，従業員への賃金も未払いのまま，ベトナムから撤退する韓国系企業の事例が韓国メディアで報じられるようになってきた（韓国メディアでは俗に，日本語の「夜逃げ」に相当する「夜半逃走」と紹介されている）。ちょうど，2007年末から2008年春頃に山東省を中心にした在中韓国系繊維メーカーの中で，人件費高騰などに耐え切れず「夜半逃走」する事例が急増したのと似た状況である。チョジェハン（2016）の警告が一部で現実化しているわけである。例えば，「韓国日報」（2018年2月11日，電子版）は「昨年までは労働者との事前協議後に清算手続きを踏むケースが大部分であったが，今はそれこそ『夜半逃走』が横行している」「賃金上昇と米国の環太平洋パートナーシップ（TPP）協定離脱によるベトナムの戦略的優位性喪失が重なり，繊維・紡績分野の韓国企業の経営難が進んでいる」と伝えた。「韓国経済新聞」（2018年2月22日，電子版）は「賃金上昇などで経営条件がよくない状況で過当競争により収益性が悪化している」「納品期間，品質などを理由に大手のOEM企業を選好する傾向が強まり，中小OEM企業の経営難が深刻になっている」とし，「夜半逃走」の事例を報じた。「朝鮮日報」（2018年3月8日，電子版）も「『夜半逃走』は人件費上昇と景気変動に脆弱な繊維業界で主に起きている」「賃金滞納はもちろん，工場の設備まで投げ出して出国し，連絡を絶っている」「テト（ベトナムの旧正月）を前に相次いだ韓国企業の『夜半逃走』はベトナム社会で大きな憤りを買った」と報じ，社名を伏せて具体的事例を報じている。

(2) 低い現地調達率

原材料・部品の現地調達の難しさも在ベトナム韓国系企業の事業課題の一つである。在ベトナム韓国系企業の現地調達率は30％台で推移しており，高まっていない一方で，韓国からの調達比率が2011年以降，上昇している（表4-3）。在中韓国系企業の現地調達率が上昇し，韓国からの調達率が低下しているのとは傾向が大きく異なる。

在ベトナム韓国系企業の調達が韓国に大きく依存しているのは，エレクトロニクスを中心に，比較的近年になってからベトナムに進出した韓国企業が多い

ことと関連がある可能性がある。個別企業ベースで現地調達率が高まっていても，調達を韓国に大きく依存する進出間もない韓国系企業の割合が高まれば，全体としては現地調達率が高まらないことがありえるからである。

表 4-3 在ベトナム・在中韓国系企業の地域別調達先比率の推移

(単位：%)

年	在ベトナム韓国系企業			在中韓国系企業		
	現地	韓国	第三国	現地	韓国	第三国
2006	37.5	33.5	29.1	44.0	41.0	15.1
2007	36.4	38.4	25.2	51.0	36.6	12.3
2008	44.7	29.7	25.7	52.0	30.4	17.6
2009	49.1	32.5	18.5	51.0	32.8	16.3
2010	36.8	32.6	30.7	62.4	24.5	13.1
2011	40.8	33.5	25.7	58.1	29.9	12.0
2012	36.8	37.4	25.8	57.4	29.9	12.7
2013	38.7	44.6	16.8	50.5	27.0	22.5
2014	34.3	42.8	22.9	63.9	26.1	12.0
2015	34.5	46.3	19.3	56.4	30.1	13.6
2016	38.4	48.4	13.1	60.9	28.7	10.4

注：対象は投資残高 100 万ドル超の非金融・保険業現地法人（製造業，サービス業など）。ちなみに，2016 年の回答企業数は 812 社。
資料：韓国輸出入銀行「海外直接投資経営分析」。

ところで，第3次ブームの契機にもなったサムスン・グループの現地調達戦略はどのようになっているのであろうか。これに関連して，「Viet Nam News」(2017 年 6 月 21 日，電子版) は，「(サムスン電子，サムスンディスプレイ，サムスン SDI，サムスン電機といった) ベトナムのサムスン・グループのサプライチェーンに加わる現地企業の数が 215 社 (tier1：25 社，tier2：190 社) に増加した」「現地調達率は 2014 年 35％から現在 57％に上昇した」と報じた。他方，「Saigon Times」(2017 年 10 月 20 日，電子版) は「ベトナムのサムスン・グループは 2020 年までにベトナムにおける tier1 の（ベトナム地場）企業数を 50 社に倍増する計画」と報じた。後者は「ベトナムのサムスン・グループの 100 社の tier1 のうち，27 社だけがベトナム地場企業」とも報じて

いるが,ともあれ,サムスン・グループは地場企業からの調達拡大に努めている。

それでも,現在のところ,地場企業からの調達は包装材など低付加価値製品が中心のようである。ASEAN Secretariat and UNCTAD (2016) は,ベトナム現地報道を引用して,ベトナムのサムスン電子の原材料・部品調達先として在ベトナム韓国系企業10社,ベトナム地場企業6社の企業名,生産品,所在地を掲載している。ベトナム地場企業の生産品をみると,包装材3社,プラスチック材料,印刷・包装材,精密金型がそれぞれ1社ずつで,結局,掲載されたtier1の地場企業6社中4社が包装材メーカーであった。専門家インタビューでも同様の趣旨の指摘が聞かれた。

以上のような状況を踏まえ,ベトナム政府は,韓国企業や韓国政府に地場企業からの調達の拡大を要請している。例えば,2017年10月にソウルで開催された「第16回 韓国ベトナム経済共同委員会」[8] で,ベトナム側は「ベトナムの対韓貿易赤字解消のため,(中略)ベトナムの進出した韓国企業の原材料・部品の現地化比率拡大などを通じたベトナム地場企業のグローバル・バリューチェーン組み込みの支援を要請した」(産業通商資源部,2017年10月24日)。とはいえ,専門家インタビューからは,かつての中国と現在のベトナムとでは状況が異なり,今後,ベトナム地場企業からの調達が順調に拡大できるかは予断を許さないとの見方が聞かれた。

3. 韓国企業にとっての今後の課題

ついで,ベトナムの事業環境とは別に,韓国企業側の課題として,次の2点を指摘する。

(1) 特定分野への集中はリスク

一般論であるが,韓国企業はひとたび有望分野・地域があると,こぞって進出する傾向がある。かつて,韓国企業が中国に殺到し,韓国の対外直接投資の4割(2005年)が中国一国に集中したのが,その1例である。韓国メディアの中では「ベトナムにあまりに集中しすぎていることも問題だ。地上配備型ミサイル迎撃システム(THAAD)配備問題で中国進出企業が大きな被害を受けたことがベトナムでは起こらないと断言しがたい」「(日本企業の『チャイナ・プ

ラス・ワン』戦略のように），周辺国に事業施設を分散する『ベトナム・プラス・ワン』政策を取る時期だ」（「韓国日報」，2018年1月22日，電子版）といった指摘もみられる。専門家インタビューでも，ベトナムに韓国企業が集中しすぎている点を警戒する指摘が聞かれた。

(2) M&Aを積極的に活用すべき

韓国の専門家の間では，これから拡大していくベトナム消費市場に対する韓国企業の取り組みは不十分で，ベトナム消費市場を取り込んでいくためには，今まであまり活用していなかったM&Aを積極的に活用していくべき，という見方が多い。

チョジェハン・チョンソニン（2016）は，トムソン・ロイターのデータベースを利用し，2011～15年のベトナム企業M&A事例（全産業）は，シンガポールが51件，35億3,800万ドル，日本が106件，22億1,100万ドルだったのに対し，韓国は27件，7億ドルにとどまったことを示している。チョンソニン（2017）は，「ベトナム消費市場に対して先制して進出するためにM&Aを活用する戦略を考慮してみる必要がある。ベトナムは国営企業の民営化を推進しており，優良企業のM&A取引も活発化している」「すでに，タイ，日本，シンガポールなど（の企業）は，M&Aを活用し，ベトナム内需市場に積極的に進出している」と指摘している。キムチョンゴン（2017）は，在ベトナム韓国系機関の指摘として，「（サービス分野の進出では）海外企業は合弁形態で参入し，韓国企業より短期間で大きく成長し，多様なサービス分野に進出し，市場を先に押さえている。韓国企業は合弁投資よりも単独投資を好むため，現地進出に相対的に多くの時間を要する」と伝えている。

統計上でも韓国企業によるベトナム企業買収は活発ではない。韓国輸出入銀行海外経済研究所「海外投資統計」によると，韓国の対ベトナム直接投資累計額に占めるM&A投資累計額の割合は，2017年12月末で11.9％に過ぎず，大多数がグリーンフィールド型投資になっている。

専門家インタビューでも，M&Aを積極化すべきとの指摘が聞かれた。ある専門家は「ベトナムの消費市場進出のためにM&Aを積極的に活用すべき。ベトナムは国営企業の民営化を進めており，優れた国営企業を買収できる機会が開かれている」と語っていた。他方，従来，韓国企業のベトナム企業M&A

が活発でなかった理由として,「全般的にいって韓国企業は海外企業のM&Aの経験が少なく,ノウハウが不足しているため」との指摘も聞かれた。

第5節　おわりに—今後の展望と日本企業にとっての機会

1. 当面続く見通しの韓国企業のベトナム投資ブーム

　韓国企業のベトナム進出ブームについて,韓国の専門家は今後当分の間,継続するとみている模様である。特に,生産拠点としては,「ポスト・チャイナ」としてベトナムが最有力であった一方で,「ポスト・ベトナム」の有力候補国は見当たらず,ベトナムへの投資は引き続く,との見方が根強い。

　特に,近年の対ベトナム直接投資の牽引役であるエレクトロニクス産業については,「サムスン電子などのtier1のベトナム進出は一巡しつつあるものの,tier2以下の進出は続くであろう」との見方が優勢であった。集積効果により,エレクトロニクス関連企業のベトナム進出が続く（あるいは,あえて否定的に表現すると,顧客のベトナム進出によって,自社もベトナム進出を余儀なくされる韓国企業が引き続く）というわけである。

　一方,ベトナムの人件費上昇などにより,今後,韓国企業のベトナム周辺国への進出が加速するであろうか。専門家インタビューでは,それに懐疑的な見方が多く,「ミャンマーは想像以上に事業環境が厳しく,韓国企業の関心が低下している」「ベトナムからカンボジアに移った繊維・縫製メーカーは,カンボジアの人件費上昇などで,一部を除きカンボジアから撤退している」などの指摘があった。実際,近年の韓国の対ミャンマー・カンボジア・ラオス直接投資は増加しておらず,特に製造業については,そもそも直接投資規模自体が限定的である（なお,ASEAN諸国でベトナムに次いで直接投資累計額の多いインドネシアは,天然資源活用や内需獲得目的の直接投資が多く,ベトナムとは投資目的が異なる）。

　そもそも,人件費の上昇については,ベトナム周辺国も同様である。たとえば,2018年の最低賃金の上昇率をみると,ベトナムが6.1～7.0%であるの対し,ミャンマー,カンボジア（縫製業),ラオスはいずれも2桁となってい

る。最低賃金の水準自体も，例えば，カンボジア（縫製業）は月額170ドルで，ハノイ・ホーチミンの約175.1ドル（1ドン＝0.000044ドルで換算）と大差ない。専門家インタビューでも「人件費上昇は新興国で共通の現象」「生産性向上で対応すべき」「中南米での経験から，月額300ドル程度まで耐えられるとみる繊維・縫製企業もある」といった指摘が聞かれた。他方，ベトナムの地理的優位性や，ベトナム人と韓国企業との親和性といった生産拠点としてのベトナムの強みは不変であり，ベトナム周辺国には必ずしも当てはまらない。このように考えると，韓国企業にとって生産拠点としてのベトナムの魅力は当面，大きく揺るぐものでないであろう。専門家インタビューでは「ベトナムで事業が難しければ，世界のどの国に進出しても難しいであろう」との指摘すらあった。

2. 韓国企業のベトナム進出を機会に

韓国企業のベトナム進出の増加に伴い，ベトナムの韓国企業ビジネスを獲得すべく，ベトナムに進出する日本企業の動きも散見される。

従来から，ベトナムで日韓企業が連携する動きはインフラ開発分野でみられた。この場合，日本側は総合商社を中心に，エンジニアリング会社，総合電機メーカーが，韓国側は重工メーカーなどがコンソーシアムを組み，発電所などのインフラ建設プロジェクトを受注，お互いの強み・弱みを補完しあい，建設を進めていくというものである。

また，ベトナムで日韓企業が合弁会社を作る事例もあった。例えば，住友商事はCJ第一製糖とベトナムで製粉事業の合弁会社（出資比率はCJ第一製糖51％，住友商事49％）を設立した。その目的について，住友商事は「住友商事が持つベトナム小麦粉市場での販売ノウハウと，CJが55年以上に及ぶ製粉事業で培った最新鋭の高付加価値製粉技術を融合させることにより，主にベトナム国内で水産加工品やベーカリーといったハイエンド製品向けでの早期のシェア獲得を目指す」と説明している（同社プレスリリース，2013年6月26日）。これはベトナムの消費市場拡大を見越し，両社が強みを持ち寄ってベトナム内需の獲得を狙ったもので，2015年6月に操業を開始している。

さらに，近年は，サムスン電子など，韓国のエレクトロニクス・メーカーの

ベトナム進出が相次いでいることを受け，現地で新たなビジネス機会も生まれているものと考えられる。従来から日本企業（本社，および韓国現地法人）は韓国のエレクトロニクス・メーカーに多くの原材料・部品や生産装置などを販売してきた。顧客の韓国企業がベトナムでの生産を拡大にするに伴い，日本企業が在ベトナム韓国系企業に販売する機会が増えているものと思われる。それを示す指標の把握は難しいものの，在韓日系企業が現地韓国系企業向け需要獲得のためにベトナムに進出する事例がみられるようになってきたことがその証左である。たとえば，東アジアでは従来から韓国と中国・広東省に生産拠点を有している UKC ホールディングス（本社：東京都）は，2015 年 6 月に同社韓国現地法人 100％出資によりベトナム・ハナム省に生産拠点を設けた。同社は「主に中国広東省東莞市の自社工場において，液晶モジュール等向けに SMT（表面実装技術）を用いた部品実装の受託サービスを行っています（中略）。近年，ベトナムではスマートフォンや液晶のメーカーの進出，投資が相次いでいます。当社グループもその需要を獲得すべく，良質かつ中国と比較すると安価な労働力を有するベトナムに EMS 事業の新工場を設立することとしました」と述べている（2015 年 12 月，2015 年度第 2 四半期決算報告）。また，ローツェ（本社：広島県）は 2017 年 12 月，サービス・メンテナンス強化を目的に同社韓国現地法人 100％出資によりベトナムに新会社を設立したことを発表した。韓国現地法人はウェハ・液晶搬送システムなどを生産し，半導体・液晶メーカーや FA 機器メーカーが主要顧客となっていることから，顧客である韓国企業のベトナム生産拡大に伴い，現地にサービス拠点を開設したものと考えられる。

　以上のようなベトナムでの日韓企業の連携は，韓国企業のベトナムでのプレゼンスが高まるにつれ，今後，次第に活発になってくる可能性もあろう。

（百本和弘）

注
1　ただし，ポスコによる初のベトナム拠点設立は，国交樹立前の 1991 年のハノイ事務所開設である。
2　斗山重工業の初のベトナム拠点は 1995 年にハイフォン市に設立した合弁会社であるが，規模が大きいのはクアンガイ省スンクアット工業団地に設立した斗山ビナである。同地への進出理由について，筆者らがかつて同社にインタビューしたところ，税制優遇，ふ頭整備といった投資インセン

ティブが最大の理由と述べていた（日本貿易振興機構（ジェトロ）（2014））。
3　なお，韓国では「チャイナ・プラス・ワン」は，主に日本企業のアジア戦略に言及する際に使用される傾向にある。
4　さらに，同額の認可額3億ドルで，「ロッテモール：複合施設・建設・管理・運営，ハノイ市」がリストに掲載されているが，シンガポール法人経由のため，国家欄は「シンガポール」と記載されている。
5　ただし，業種別で韓国の対ベトナム直接投資をみる視点では，製造業の比率が高いことの裏腹で，サービス産業の比率は低めである。ちなみに，キムチョンゴン（2017）はベトナム政府のコメントとして「（韓国企業の）サービス分野の投資は相対的に低調だが，少しずつ増加している」と伝えている。
6　韓国の最低賃金は2017年の時間額6,470ウォンから，2018年には同7,530ウォン（16.4％増）に引き上げられた。文在寅政権は同10,000ウォンの実現を目標としている。
7　掲載されている経営指標は，売上高，売上高営業利益率，売上高当期純利益率，地域別売上高比率，地域別調達比率，負債比率，借入金依存度，流動比率，インタレスト・カバレッジ・レシオ，売上高金融費用率の各指標である。
8　同委員会は1993年に締結した「韓国ベトナム間経済および技術協定」に基づき，両国間の経済分野の懸案について包括的に話し合うもので，2014年以降は毎年，開催されている。

参考文献
（日本語文献）
日本貿易振興機構（ジェトロ）（2014）「韓国企業の海外ビジネス戦略」。
日本貿易振興機構（ジェトロ）（2017）「最近の韓国の対ベトナム貿易・直接投資の動向」。
百本和弘（2015）「韓国経済の基礎知識 第2版」日本貿易振興機構（ジェトロ）。
百本和弘（2016）「韓国企業のメコン地域戦略—ベトナムを中心に—」『季刊　国際貿易と投資』Spring 2016 / No.103，国際貿易投資研究所（ITI）
百本和弘（2018）「緊密化が進展する韓国ベトナム経済関係—韓国エレクトロニクス・メーカーのベトナム集積が起爆剤に—」国際貿易投資研究所（ITI）

（英語文献）
ASEAN Secretariat and UNCTAD (2016), "ASEAN Investment Report 2016-Foreign Direct Investment and MSME linkages".

（韓国語文献）
郭性日・李在浩（2016）「主要国の対ベトナム進出戦略と示唆点」対外経済政策研究院（KIEP）。
郭性日・鄭在完・金帝國・申珉伊（2017）「韓国中小企業の東南アジア主要国投資実態についての評価と政策示唆点」対外経済政策研究院（KIEP）。
郭性日・鄭在完・金帝國・申珉伊・羅美玲（2016）「韓・アセアン企業間の地域生産ネットワーク構築戦略」対外経済政策研究院（KIEP）。
クォンジュンホァ（2017）「米国不在のTPPとベトナム繊維産業」『Weekly IBK 経済ブリーフ』481号，IBK経済研究所。
キムチョンゴン（2017）「ベトナム／カンボジア海外出張報告書」産業研究院（KIET）。
大韓貿易投資振興公社（KOTRA）（2016）「グローバル・バリューチェーン活用と課題：ベトナムの事例を中心に」『Global Market Report』15-064。
パクソル・ムンビョンギ（2015）「海外生産基地移転の韓国の輸出への影響—ベトナムを中心に—」

『IIT Trade Focus』Vol.14 No.44，韓国貿易協会（KITA）国際貿易研究院（IIT）。
チョンジュンモ（2016）「韓国企業の対ベトナム進出 現況と示唆点」IBK 経済研究所。
チョンソニン（2017）「韓国の対ベトナム交易および投資構造の分析と消費市場進出方案についての示唆点」『KIET 産業経済』2017 年 11 月号，産業研究院（KIET）。
チョジェハン（2016）「ベトナム内の韓国多国籍企業の現況と示唆点」『KIET 産業経済』2016 年 6 月号，産業研究院（KIET）。
チョジェハン・チョンソニン（2016）「ベトナムの労働費用上昇と進出戦略に関する示唆点」産業研究院（KIET）。

ウェブサイト（韓国語）
大韓貿易投資振興公社（KOTRA）「海外投資進出情報ポータル（OIS）」http://www.ois.go.kr
韓国輸出入銀行 海外経済研究所「海外投資統計」http://keri.koreaexim.go.kr/

第5章
ベトナム北中部における輸送インフラと物流状況

要約

　ハノイ圏は2000年代以降，日韓大手メーカーの進出をテコに輸出加工型の経済成長を加速させてきたが，近年では中国華南地方との陸路ルートでの越境サプライチェーンが急速に形成されつつある。とくに広西チワン族自治区の主要都市とハノイを結ぶ道路交通インフラの整備に伴い，クアンニン省など北部省への中国企業の進出が加速し，中国華南地方の産業集積がベトナム北部へ波及する形で経済統合が進む。ハノイ～ハイフォン間も産業集積が進み，ラックフェン港が完成した現在，海路経由で諸外国とのサプライチェーン形成が加速すると見込まれる。一方，ダナン圏は経済集積が遅れていたが，近年輸送インフラ整備が進み，ITや観光などの比較優位を活かしつつ独自の経済圏を形成しつつあるが，ダナンを起点とする東西経済回廊ルートでの物流は伸びが鈍い。ダナン圏は現在のところ，空路によるグローバル化が先行していると言える。

はじめに

　藤村（2017）ではバンコク，ビエンチャン，プノンペン，バベット（カンボジア・ベトナム国境町）を拠点とする日系企業へのヒアリング結果を挿入しつつ，これらの都市を結ぶ「経済回廊」沿いの越境物流と通関の現状について報告した。本章は同様の動機に基づき，ベトナムのハノイ圏とダナン圏に拠点を持つ日系企業を中心としたヒアリング結果（すべて2017年8月時点）を挿入しながら，ベトナム北中部における輸送インフラと物流状況について報告す

る。

　細長い国土に沿って長い海岸線と多様な気候風土，さらに南北に分断されて冷戦の代理戦争を戦った歴史を持つベトナムは，国内経済が十分に統合されていないまま，むしろ各地方と国外との経済統合がバラバラに進んできたと言える。市場経済が最も進み最大経済圏であるホーチミン圏は先行して海外との結びつきをテコに発展してきた。ハノイ圏も 2000 年代に入ってから日本や韓国の大手電気・電子企業をはじめとする外国企業の進出ラッシュにより，海外との結びつきをテコに経済成長を加速させた。一方でダナンを中心とする中部は経済集積が遅れ，近隣に大きな都市圏が存在せずやや孤立していたが，道路，港湾，空港の輸送インフラ整備が進み，徐々に経済圏が拡大している。

　ベトナム北部はこれまでの日本企業や韓国企業の進出による輸出加工拠点という海路・空路を経由した国際経済統合に対し，中国企業の進出が加わって中国華南地方との陸路経由の統合が進展している。中部は観光資源に恵まれ，空路による観光拠点化が進むとともに，ソフトウェア企業の集積が進み，独自の経済圏を形成してきている。以下ではこれらの進展状況を詳しく見ていく。

第 1 節　ベトナム北部と中国華南

　工業製品の輸出拡大をエンジンとして急速な経済成長を遂げてきた中国は，隣国のベトナムに大きなインパクトを与えている。このインパクトが端的に現れるのが国境地域である。ベトナム北部と国境を接する雲南省と広西チワン族自治区（以下，広西自治区と略）はその 2 省だけで，ベトナム全体よりも大きい人口を擁し，その消費市場規模はベトナムの約 1.5 倍に匹敵する（表 5-1）。

　雲南省と国境を接するディエンビエン，ライチャウ，ラオカイ，ハザンの 4 省と，広西自治区と国境を接するカオバン，ランソン，クアンニンの 3 省の 7 省を合わせた人口は 500 万人弱に過ぎず，その市場規模はハノイ市の約 4 分の 1 に過ぎない。したがって，ベトナム北部と中国華南の経済統合は，中国側のモノ，カネ，ヒトの動きが主導することになろう。

　雲南省は 1 人あたり GDP で中国全体では中の下に位置しているが，地政学

表 5-1　中越隣接地域の市場規模比較

	面積 (km²)	人口 2015 年 (1,000 人)	小売総額 2015 年 (100 万ドル)
雲南省	394,139	47,139	74,364
昆明市	21,582	6,626	30,592
広西自治区	237,257	55,180	101,895
南寧市	22,112	6,986	28,679
ディエンビエン省	9,563	548	332
ライチャウ省	9,069	425	161
ラオカイ省	6,384	675	570
ハザン省	7,915	802	280
カオバン省	6,707	522	242
ランソン省	8,321	758	688
クアンニン省	6,102	1,211	2,380
ハノイ市	3,324	7,216	16,690
(参考)			
ダナン市	1,285	1,028	2,743
ホーチミン市	2,096	8,146	33,458
ベトナム全国	330,951	91,713	146,853

注：雲南省の数字のみ 2014 年。
データ出所：ベトナム，雲南省，広西自治区それぞれの統計年鑑。

的戦略性を活かし，胡錦濤政権以来，東南アジアおよび南西アジアとのハブに指定されてから，インフラ整備と経済開発計画の推進に力を入れている。華南地域の輸送インフラ充実に伴い，広東省など製造業集積地帯からの中国製品が雲南省経由でベトナムへの輸出を増加させている。広西自治区はその立地条件からベトナム経済へのインパクトは雲南省よりはるかに大きい。同自治区の経済発展の特徴は北部湾の開発とその関連の輸送インフラ整備である。南寧と海に近い主要都市である北海，防城港，欽州にまたがる地域を中国政府が「北部湾」として重点開発地域に指定した 2006 年以来，ベトナム国境と結ぶ輸送インフラは急速に発展してきた（トラン 2012, 3-5 頁）。

広西自治区にとっては陸路で国境を唯一共有するベトナムとの貿易がとくに重要となる。輸出側では南寧税関区の輸出の約 7 割がベトナム向けである。ア

パレルなどの消費財や各種中間財がその大半を占めている。同自治区の輸出の3分の2以上が陸路によるものであり、陸路輸出の95%がベトナム向けである。南寧からは友誼関＝ヒューギ国境までは南友高速道路（209km、所要時間約2時間）、広州方面へも南寧・広州高速道路（809km、所要時間約14時間）が伸びており、南寧は中越貿易の要衝の役割を果たしている。中国全体の対ベトナム輸出に占める南寧税関区のシェアは34%にのぼり、とくに中国製消費財の輸出はその63%を南寧税関区が占める（大木 2017, 53-58頁）。

　内陸省である雲南省はベトナムのほかにラオス、ミャンマーの3ヵ国と国境を接し、タイともラオス北西部を経由して陸路（南北経済回廊）で密接につながっている。この地理的関係をそのまま反映し、昆明税関区の輸出先ではミャンマー、ベトナム、ラオス、タイの順にこの4ヵ国で大半を占め、輸出の86%が陸路によるものである。ミャンマーとラオス向けには各種機械機器や消費財、ベトナムとタイ向けにはリンゴなどの亜熱帯果実や野菜などが中心となっている。雲南省の輸入側もその大半が陸路によるものであり、とくにミャンマーからの陸路輸入にはパイプライン（インド洋に面するヤカイン州チャオピュからマンダレーを経て昆明に至る約1,400km）による天然ガス輸入がその半分ほどを占めている（大木 2017, 69-72頁）。

第2節　ハノイ経済圏

　ハノイの人口は約740万人で、近郊省を含むハノイ首都圏は2030年までの都市化率は65～70%となる見込みである。ベトナム北部を管轄するベトナム日本商工会（JBAV）への登録企業数は2002年の123社から増え続け、2016年10月時点で650社に上る（ホーチミン日本商工会は同851社）。以前は加盟企業の多くは製造企業が占めていたが、昨今はサービス業が増加しており、ハノイ経済圏の消費市場としての重要性が高まっていることを反映している。

　ハノイ圏ではインフラ整備計画が相次いで進められている。日本の援助により、ノイバイ国際空港第2ターミナル、空港からハノイ市内を結ぶ幹線道路とニャッタン橋が完成し、外国人来訪者のアクセスが格段に改善した。また、以

前はハノイと約100km離れた港湾都市ハイフォンを結ぶ道路は渋滞する国道5号線しかなかったが，これをバイパスするハノイ＝ハイフォン高速道路が2015年12月に開通したことで，ハノイからハイフォンへの日帰り通勤が可能になった。さらにハイフォン沖では，これも日本の援助によりラックフェン国際港の建設が進められていたところ，2018年5月に完成した。同港は水深14メートルで，総延長750メートルの2つのバースを有し，積載量10万トン級の大型コンテナ船の寄港が可能だ。これによってベトナムと欧米を直接結ぶ大型船の就航が可能となった。

[ヒアリング記録① 　JETRO ハノイ事務所]

- 2016年度の1年間で日本企業から受けた約670件の投資相談は多岐にわたったが，全般的に製造業よりも非製造業の内需向けの相談が主流になってきた。
- B-to-Bの輸入販売拠点をつくりたいという相談が増えた。現地進出の日系や韓国系企業をターゲットにしたB-to-B市場が拡大している。
- 非製造業についても「市場としてのハノイ」が注目されている。ホーチミンでは10年ほど前に1人当たりGDPが3,000ドルに達して投資分野が拡大したのと同じように，ちょうどハノイはそのような状態にある印象。
- 小売り外資の進出を規制するEconomic Needs Testはあるが，その中身は，店舗面積が500m^2未満のものは当局の認可が不要で，小規模のコンビニなどは規制にかからない。
- 自動車産業の2018年問題：自動車販売台数はここ3年で急激に拡大しているが，2018年のCLMV関税撤廃期限に伴い，ベトナムの自動車輸入関税の現行30％も撤廃される。各メーカーの選択，政府の産業政策の行方に注目が集まる。
- 中越国境貿易や経済回廊の利用に関する相談はほとんどない。1件だけ相談があったのは，ハノイ〜ダナン〜バンコクの越境交通に関して物流会社の相談だった。
- 住友商事が開発してきたタンロン工業団地の1番目は市内中心部北部のタンロン橋のふもとに，2番目は郊外南東方向の5号線上にあり，そして3番目

を郊外北西方向のノイバイ・ラオカイ高速道路沿いに建設中。
- ベトナム北中部の交通インフラ整備の経済効果としては，企業が地方に出やすくなった点が大きい。大都市圏では労働需給はひっ迫して労働集約型企業の立地が困難になりつつあり，都心から距離のある場所でないと，労働者が集まりにくい。その点，ハノイからの高速道路が放射線状に整備されると，あらゆる方向に進出が可能になる。進出可能な目安としてはハノイからスタッフが通勤しやすい1時間圏内。
- 企業誘致の姿勢については省単位でばらつきがある。北部ハナム省なども日本企業誘致のためにジャパンデスクを設けて日本人をアドバイザーとして起用している。

[ヒアリング記録② JICA ベトナム事務所]
- ベトナムでは，短期的には国内の道路インフラとして，都市間高速道路の整備（ハノイ～ビン，ダナン～クアンガイ，ホーチミン～ニャチャンなど），また，都心の渋滞を軽減するために環状道路の整備が必要。中期的には空・海のゲートウェイの更なる整備が重要。
- 日本が提唱している「メコン連結性イニシャティブ」に沿って，とくに南部回廊では輸送インフラが改善し，他の回廊に比して物流が増加している模様。東西回廊については1号線のダナンからドンハーまではコンテナ等の貨物物流が盛んだが，9号線はどちらかというと建設資材を運ぶダンプカーが多い。9号線の更に南に，ダナンから真西に向かってラオスのセコンやパクセに至るルートも存在し，ベトナム政府は整備の可能性を検討中。なお，ラオスでは日本の無償資金協力でセコン橋が2017年3月に完成。
- 債務制約を緩和するためには，ベトナム政府はPPPを活用したいところだが，PPPにも課題が多い。ベトナム政府は海外の制度や経験はよく把握しているが，外国投資家が留意しなければならないリスク分担などの点で制度が未整備のまま。実際の事業を進める段階になると話がなかなか前に進まない。道路整備に関してはBOTの事例は多いが，実際にBOTの採算に乗っている案件は2割程度との報道もある。計画時の投資額見積が過少，料金徴収見込みが不十分というのが原因のようだ。ハノイ＝ハイフォン高速道路

は地場民間企業の運営ではないか。ハノイやホーチミン都市鉄道の新規投資・運営には，地場不動産大手ビングループ等が関心表明している。
・PPP 手法の定着のためには工夫が必要。例えば，Viability Gap Fund は，政府が事業費の何割かを負担することにより，PPP の事業採算性が確保できるようにする仕組み。JICA や世界銀行がその Seed Money を融資あるいは出資して仕組みづくりを支援するといったこともありえよう。

[ヒアリング記録③　JBIC ハノイ駐在員事務所]

・JBIC のベトナム事業は，これまでインフラ部門への融資が金額的に大きい。北中部ではハイフォン市，タイビン省などでの石炭火力発電所，ラオカイ省での水力発電所，ハイフォンなど北部でのセメント工場，南部ではビントゥアン省，チャビン省での石炭火力発電所などがある。これらの融資は，ベトナム政府保証つきのソヴリン・ローン。発電所案件での借入人は EVN や PVN などの国営企業。加えて，日本企業がスポンサーとして事業参画しているバリアブンタウ省でのガス火力発電事業やタインホア省での石油精製事業などの民間による大規模な投資事業もある。これらは，所謂プロジェクト・ファイナンスにて融資を行っている。
・JBIC は日本企業の海外事業展開を金融面から支援しているが，2013 年頃から中堅・中小企業の工場設備や建屋増設に対する融資が増えている。タイ，インドネシア，ベトナムがそうした需要のトップ 3 だが，2016 年については約 100 件の実績のうち 30 件までがベトナムだった。ベトナムでは，自動車・バイク部品や電子部品の製造などの事業向け資金への支援が多い。
・ベトナムに進出している労働集約型の産業は「ベトナム・プラスワン」としてカンボジアやラオスへ生産拠点が移管する動きがあるかもしれないが，労働人材の質や供給余力，電力などのインフラの観点から，むしろベトナム国内を選択肢として，地方へシフトする動きの方が大きくなるのではないか。その意味では主要都市圏と地方を結ぶ連結性を強化するインフラ整備は重要となる。

第3節　ハノイ〜ハロン〜モンカイの「東部経済回廊」

　ベトナム北部と中国華南を結ぶ「東部経済回廊」は，広域経済圏の文脈でのアジア開発銀行（ADB）による命名だが，近年タイ政府がバンコクの南東部の工業地帯を軸に名付けた国内の文脈での東部経済回廊（EEC）と同名で紛らわしい。タイ政府に譲るとすれば，このルートは「中越経済回廊サブ回廊」とでも呼び直すべきかもしれない。

　筆者はこのルートを10年ぶりに往復した。ハノイ市内から一貫して国道18号線沿いに，ハロン経由で広西自治区の東興と接する国境町のモンカイへ向かった。その移動データを表5-2，国境の様子は表5-3にまとめた。

　2007年にハノイからハロン湾経由でモンカイを視察した際は乗用車で7時間半ほどかかった。ハロン湾に架かるバイチャイ橋が2006年に日本の援助で

表5-2　ハノイ〜防城港の移動データ（2017年8月時点）

国	区間	移動手段	距離	実質走行時間	平均速度
ベトナム	ハノイ〜ハイフォン	乗用車	約100km	約1時間	100km/h
	ハノイ〜ハロン	乗用車	121km	約3時間	40km/h
	ハロン〜モンカイ	乗用車	166km	約3時間半	47km/h
広西自治区	東興〜防城港	公共バス	48km	55分	52km/h

注：東興〜防城港間の記録は2013年4月のもの。
出所：筆者実走。

表5-3　モンカイ＝東興国境の特徴（2017年8月時点）

ヒトの流れ	モノの流れ	国境周辺施設	工業団地・特別区
中国側から多数の日帰り中国人観光客。ベトナム側から多数の日帰り行商人。	双方からトラック・トレーラーの往来が増加。ボートによる互市貿易も盛ん。	東興側：国境街は発展中。出入国管理ビルと車両用スロープ完成。国境ゲート近くに商店街，土産物屋，ホテルなど増加。モンカイ側：新しいショッピングビル，ホテルなど。国境橋の手前に免税店2軒あり。中国人用カジノホテル2軒あり。	東興側に「互市貿易区」および「東興辺境中心」。モンカイは国境付近に"Border Belt"，近郊に「海安工業区」。

出所：筆者視察。

完成したおかげでホンガイ市までの道路は現在と同じでスムーズだったが，その後の約130kmが坂道や急カーブが多く，穴も多い悪路だった。その10年後，今回はハノイ〜ハロンの121kmに実質約3時間，ハロン〜モンカイの166kmに約3時間半と，1時間ほど短縮された。計画中のハイフォン＝ハロン高速道路が完成すればハノイからはさらに1時間ほど時間短縮になるだろう。

18号線の道路状況の変化としては，まず，舗装状況が格段に改善していた。10年前はハロン〜モンカイ区間の舗装が傷んでいる部分が多かったが，今回は全線スムーズだった。次に，ハロンから東に36km地点のCua Ongという町の中心部を避けるバイパスができていたことで，10年前はこの町とその前後が悪路で，炭鉱が近くにあるのか，この区間を抜けるのが苦痛だった。今回はこのボトルネックが解消していた。

ハノイから南寧へ向かうもう1つの東部経済回廊ルートであるハノイ〜ヒューギ国境（ランソン省）間は，ハノイ〜モンカイ間に対して距離も時間も半分程度であり，中越陸路貿易の最大物流動脈だが，国境に大きな街はない。一方，モンカイ＝東興ルートの特徴は，国境そのものが隣接2都市によって国境経済を形成し，ヒトやモノの流れがよりダイナミックに変化する様子が観察できる点である。

国境をなす北侖河のほとりにあるカロン船着場がベトナム側の「互市貿易」の拠点である。この制度はモンカイ市と東興市の住民間に与えられた優遇的な少額貿易と理解すればよい。モンカイ市内は，対岸の東興の発展スピードには劣るが，生活水準は向上している印象であった。国境ゲートの西側の北侖川沿いに「Border Belt」と名付けられた国境経済区が存在する。4年前は後述のカジノホテル以外は何もなかったが，今回はちょっとした商店街が形成途上だった。

北侖河の支流に架かるモンカイ橋を西へ渡ってすぐの両側にカジノホテルがそれぞれある。北側の「鴻運酒店」に入ってみると，バカラテーブルが15卓ほどあり，6テーブルほどで中国人観光客がプレーしていた。今回筆者が宿泊した国境ゲート近くのマジェスティック・ホテルに附設して「東盟名品城」という円筒形のガラス張りの商業ビルがある。欧米や日本のブランド品が各階ごとに販売されており，販売スタッフは英語を話せない中国人が多いので，明ら

かに中国人観光客をターゲットとした免税ビジネスである。ホテルの観光案内なども「芒街（モンカイ）旅游」といった具合に，基本的に中国語である。近郊のゴルフクラブに立ち寄ると，スタッフは英語が通じず，中国語が話せない日本人は筆談となる。国境街ゆえに，その観光産業が中国人を前提として形成されるのは自然なことだろう。

　国境に近いほど中国のプレゼンスが大きいことは，国道18号線沿いに立地する工業団地の様子からもわかる（図5-1参照）。モンカイ国境から6kmほどの地点のすぐ東側に「広寧（クアンニン）省芒街市海安（ハイイェン）工業区」がある。4年前に国境橋の宣伝看板で見たものが完成していた。敷地をざっと見て回ると，中国紡織大手の天虹紡織集団（テクスホングループ）傘下と思われる天虹銀尤科技有限公司 Texhong Yinlong Technology が運営会社のようで，その管理棟はホテルのように立派だった。工員の寮と思われる建物も2棟あった。入居企業はすべて中国系もしくは地場系だと推測される。

　モンカイ国境から38km地点を海岸方向へ2〜3km，真新しい片側2車線の舗装道路をまっすぐ走るとテクスホン・ハイハ工業団地が現れる。報道によれば，天虹紡織集団が5億ドル超を投下して開発した工業団地である。ハロン

図5-1　クアンニン省の工業団地

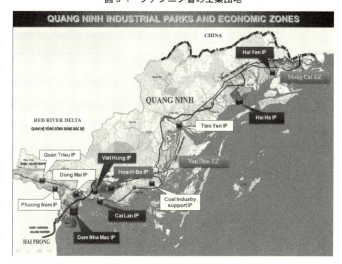

出所：クアンニン省投資促進機構ホームページ。

方向から高い鉄塔を使って電力供給がここまで伸びているのが見える。団地敷地内の広い道路から見える看板は，天虹銀河科技有限公司 Texhong Galaxy Technology，天虹染整越南有限公司 Texhong Dying and Printing Viet Nam，華利送（越南）服装責任有限公司（英語名は見えなかった）といった具合で，いずれの建屋も外見は大規模で装置産業的であった。現地の雇用創出にどれほど貢献しているのかはわからない。日本人にとってはハノイ圏から遠く，駐在は厳しそうだが，中国側から見れば国境から十分に近い距離なので，土地の確保さえできれば投資先として有望なのだろう。

　同じクアンニン省でも，ハロン周辺では中国色が薄れる。ハロン湾からの入り江に位置するカイラン港は日本の援助により規模が拡張された（2004年完工）。10年前に訪問したときと比べ，外から観察しただけだが，クレーンの数が増え，稼働率も格段に上がっている印象だった。ゲートに向かって200 mほど，コンテナトレーラーの列ができていた。ただし，カイラン港へは世界遺産のハロン湾を突っ切って入港しなければならないという環境上の問題があるため入港可能な大型船に限界があったところ，ハイフォン沖に埋め立てて建設されたラックフェン港の完成により，増大する物流需要を満たすことが期待される。

　ハロンから西へ約33kmの地点にはドンマイ工業団地があり，敷地はまだ開発中のように見えるが，2015年にいち早く矢崎総業が新工場を開設した。世界中に拠点をもつ矢崎総業だが，北部ベトナムではここが3番目の拠点となる。この立地はハイフォンからは現状ではアクセスが良くないと思うが，都市圏から離れるほど労働者が集まりやすいことが決め手になったのだろうと推測する。

　国道18号線沿いのハノイ方向に戻る途中のバクニン省にはクエボⅢ，Ⅱ，Ⅰと工業団地が順番にあるが，クエボⅢはまだ開発中，クエボⅡは韓国企業が多数立地しているが大規模企業は見かけない。ハノイ市に最も近いクエボⅠは大手企業が数社入っているが，ここも日系よりも韓国系や台湾系の入居企業が多い。キヤノンのほかに，最も目立つのは台湾系鴻海（ホンハイ）のFoxconnの工場である。ベトナム北部は日系，韓国系に比べて台湾系のプレゼンスは大きくないが，ここは例外と思われる。一般に，ハノイ市の中心部に

近い工業団地には日系企業が先行して入居し、中心から離れるほど韓国系企業が多い傾向にある（表5-4）。

表5-4　ハノイ～モンカイ間の主要工業団地

工業団地名	立地	入居企業内訳	主要日系企業
クエボⅠ Que Vo I	ハノイ市中心から35km、ハイフォン港から110km	88社のうち韓国系34社、台湾系16社、日本10社、中国系6社ほか	キヤノン、さくらペイント、東洋インク、Konishiバイオテクノロジーほか
クエボⅡ Que Vo II	ハノイ市中心から50km	21社のうち地場系12社、韓国系8社ほか	Japan Autotech, JMT VN（業種不明）
ドンマイ Dong Mai	ハイフォン港から40km、カイラン港から35km	入居3社のうち日系1社、台湾系1社、地場系1社	矢崎総業
カイラン Cai Lan	カイラン港に隣接、ハイフォン港から70km	56社のうち地場系43社ほか。日系は1社	Vietnam-Japan Cai Lan Paper Pulp Productions
ベトフン Viet Hung	カイラン港から1km	7社のうち地場系3社ほか。日系は1社	Quang Ninh C&P（パルプ加工・輸出）
テクスホン・ハイハ Texhong Hai Ha	モンカイ国境から38km	入居4社ともすべて中国系か地場の紡績企業か	
ハイイェン Hai Yen	モンカイ国境から6km	入居4社ともすべて中国系紡績企業か	

出所：2017年8月の筆者視察およびジェトロ（2017）所収データより整理。

第4節　ハノイ～ハイフォン間の産業集積

　ベトナム北部のこの2大都市を結ぶ国道5号線は、生活道路との兼用であったものが、ハイフォン港を利用する輸出加工型の外資系企業が集積し、それらの受け皿となる工業団地も密集するにつれて、「産業道路化」していった。

　この5号線の混雑を解消するために2015年12月に開通したハノイ＝ハイフォン高速道路（約100km）が、5号線の南側に並行して東西に走る。速度制限は、低速車両が60km/h以上100km/h以下、高速車両が80km/h以上120km/h以下となっている。料金支払いは電子化されておらず、入り口で磁

気カードを受け取り，出口で現金払いをする。しかし，後述の通り，この高速道路は現時点では通行料が高くて利用度が低い。2017年8月の実走時には貨物車両はまったく見かけず，乗用車の流れもまばらだった。この道路はBOT方式で建設されたため，建設費用の回収を急ごうとする民間運営会社の経営判断が甘かったのかもしれない。

　ハノイ～ハイフォン間の工業団地については表5-5に整理した。この区間がベトナム北部で最も企業が集積しており，工業団地も多い。5号線沿いの工業団地には輸出加工型の日系企業およびそれらに部材を供給するサプライヤー企業が多い。目立つ例外はチャンズェ工業団地である。同団地は，ハノイ＝ハイフォン高速道路の中間地点を降りて10号線を走り，5号線に出るすぐ手前に位置する（図5-2参照）。ここは「韓国むら」の様相を呈する。団地の正門すぐにLGエレクトロニクス，その奥にLGディスプレイとLGグループの巨大な工場棟が並ぶ。LGディスプレイの工場ゲートは電子IDで出入りする最新式のものだ。そばには一般従業員の通勤用の駐車場が整備され，バス数十台停まれそうな専用駐車場も備えている。さらにその周辺には韓国系サプライヤー企業の工場棟群があり，これらも巨大だ。

　チャンズェ工業団地から10号線をさらに北上したハイフォン市内中心部から西10km地点に野村ハイフォン工業団地がある。こちらは上述とは対照的に「日本むら」だ。入り口には管理棟とその隣にハイフォン市関税局の支局があり，工業団地内で事前に輸出入通関の書類手続きが済むようになっている。ハイフォン市中心からカム側を北へ渡って約10kmにあるVSIPハイフォン工業団地も日系企業の入居が多い。

　ハイフォン港はハイフォン市内を東西に流れるカム川に沿った河川港であり，カム川沿いには山積みのコンテナヤードやクレーンの列が見られる。河口に向かってHoang Dieuターミナル，Chua Veターミナル，Dinh Vu総合港などの港湾群から成るが，水深が浅く，大型船は入港できないという制約条件がある。ベトナム北部のさらなる経済成長にはラックフェン港の稼働が不可欠といえる。

　ディンブーDinh Vu港から新しく舗装されたと思われる片道3車線の道路をハイフォン方向へ戻ると，ハノイ＝ハイフォン高速道路の入り口がある。

表 5-5 ハノイ～ハイフォン間の主要工業団地

工業団地名	立地	入居企業内訳	主要日系企業
クアンミン Quang Minh	ハノイ市中心から15km, ノイバイ空港から5km	148社のうち地場系114社, 日系企業16社, 韓国系7社, 台湾系6社ほか	テルモ, Nidec, ニトリ, 日本通運, 日本ペイント, 近鉄エクスプレスほか
ノイバイ Noi Bai	ノイバイ空港から7km	42社のうち日系26社, タイ系4社ほか	ヤマハ発動機ほか。自動車部品メーカー多数
タンロンⅠ Thang Long I	ハノイ市中心から16km	82社のうち日系79社	キヤノン, デンソー, パナソニック, TOTOほか。各種部品メーカー多数
タンロンⅡ Thang Long II	ハノイ市中心から33km, ハイフォン港から83km	57社のうち日系55社	デンソー, 京セラほか。各種部品メーカー多数
フォーノイ A Pho Noi A	ハノイ市中心から24km, ハイフォン港から75km	123社のうち地場系80社, 日系19社, 韓国系18社, 中国系5社ほか	キヤノン, INAXほか。樹脂成型や機械加工の企業多い。
フックディエン Phuc Dien	ハノイ市中心から47km, ハイフォン港から53km	25社のうち日系20社ほか	ブラザー（プリンター）ほか。樹脂成型や金型設計の企業多い。
タンチュオン Tan Truon	ハノイ市中心から50km, ハイフォン港から50km	28社のうち日系19社, 台湾系5社ほか	味の素, ブラザー（工業用ミシン), ジャガー（家庭用ミシン), ユニデンほか
ダイアン Dai An	ハノイ市中心から51km, ハイフォン港から49km	51社のうち韓国系19社, 日系9社, 台湾系6社ほか	住友電装ほか。電気・電子部品メーカー数社
チャンズェ Trang Due	ハイフォン港から12km	44社のうち韓国系24社, 地場系11社, 日系4社ほか	関西フェルト, 協和プラスチックほか
野村ハイフォン Nomura Hai Phong	ハイフォン港から15km	55社のうち日系47社, 米国系2社, オランダ系2社ほか	矢崎総業, シチズン, 東北パイオニア, コクヨ, トヨタ紡織, メディキットほか
VSIPハイフォン VSIP Hai Phong	ハイフォン市の対岸。ハイフォン港から10km	35社のうち日系16社, 香港系5社, シンガポール系3社, 台湾系3社ほか	富士ゼロックス, 京セラ, ニプロファーマ, JFE商事鉄鋼ほか
ディンブー Dinh Vu	ハイフォン港に面する。ハイフォン市内から7km	56社のうち地場系33社, 日系13社, 韓国系3社, 中国系2社ほか	ブリヂストン, 日本通運物流センター, 出光ほか
ドーソン Do Son	ハイフォン市から南東に20km	入居数は10社程度か。国籍は多様。	MIKI（業種未確認), Babakagu LNAX

出所：表 5-4 に同じ。

図 5-2　ベトナム北部沿岸地域

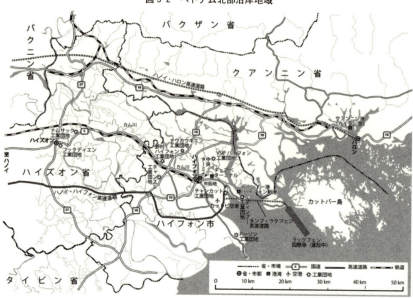

出所：アジア経済研究所・石田正美氏作成。

ハノイから高速道路を利用すれば，ディンブー港近くでそのままラックフェン新港へのアクセス道路につながるのであろう。この新ルートを利用できるようになれば，ハイフォンの混雑した河川港を避けて，ハノイからバイパスする形で直接ラックフェン港とつながる。今後はそうした物流がメインになるだろうと想像できる。

ディンブー港とハイフォン市中心部の中間で市内から南東に約 13km にカットビ Cat Bi 空港がある。2016 年から滑走路とターミナルを刷新して国際空港化し，国内各地に 1 日 12 便，国際線は韓国の仁川空港に 1 日 1 便（夕方）飛んでいる。

ハイフォン市中心部から南東約 20km にドーソン Do Son という小半島があり，その突端に小さいビーチ保養地がある。そちら方面の交通量は少なく，20 分もすれば小半島の根元に到着し，そこにドーソン工業団地がある。メイン道路からざっと眺めたところ，掲揚している国旗から判断して，中国系，米国系，日系など 10 社弱入居しているようだ。

ドーソン工業団地から15分ほど半島を回るローカル道路を走ると，突端のビーチ保養所に着く。そこからさらに1.5kmほど奥に走るとDoson Resort Hotelがあり，その3階がカジノ部屋になっている。驚いたのは，そのカジノホテルの手前に新しいリゾート地が開業していたことだ。"Han Don Resort"と称する城壁スタイルのアーチをくぐると，小さい入り江のビーチを中心に，新しいホテルが数件と遊園地施設がある。このリゾートは全般に各施設の装飾が派手で，中国人観光客をターゲットにしていると思われる。ドーソンからハノフォン市内へ戻る途中の幹線道路沿線にも中国資本と思われる漢字表記の看板のある商業施設やコンドミニアム開発地帯などが見られる。ハイフォン郊外にも中国資本が浸透してきているようだ。

[ヒアリング記録④　Nippon Express Vietnam（ハノイ市内にオフィス，クアンニン工業団地に倉庫，ディンブー工業団地に物流センター）]

・クアンミン工業団地内の倉庫面積は8,000m^2。一般貨物用と保税貨物用の敷地が半分ずつ，中央で仕切られている。それぞれの側に，200m^{2}の温度管理室（化粧品，レントゲンフィルムといったセンシティブな製品保管のため）が4室ずつある。そうしたスペースでは小売店頭販売用などのパッキングサービスも併せて提供する。
・保税貨物区域にはタンロン管区の税関があり，係官が1人常駐している。
・通常貨物区域ではVender Managed Inventory（VMI）として，顧客が輸入する貨物を在庫として日通が管理・輸入するサービスも提供している。例えばメーカー顧客が中国から部材を調達するとき，中国ベンダーの資産として搬入し，顧客の生産計画に併せて「輸入」措置をとって引き渡す。そうすることで顧客のキャッシュフロー調整をサポートする。輸出ではその逆に，ベトナム工場内で生産された製品を当該保税倉庫へ海外販社資産として搬入し，海外販売需要に応じて，生産地ベトナムから直接海外販社名義で輸出するサービスを提供できる。
・倉庫敷地の入り口オフィスがトラックコントロール室となっていて，自社トレーラーに付けた「デジタルタコメータ」を使ってGPSで追いかけ，ハイフォン～ハノイ間の輸送だけでなく，ハノイ圏内の顧客に提供しているミル

クランサービスを制御している。急発進や急ブレーキをかけて車両を痛めていないか，燃料を使いすぎていないかなどセーフティ＆エコドライブの状況もモニターできる。

- ホーチミン現地法人が日通ベトナムの本社。社長は日本人，副社長はベトナム人。TRANSIMEXとの合弁で，物流分野では国内5番目の合弁会社。日通ベトナムは全体でスタッフ約900人。ハノイ支店は約400人（うち日本人7人）で陸・海・空すべての輸送モードと関連のトラックコントロールをカバーする。
- 当社の輸送需要のモード別構成としては，収入ベースで海空国際輸送が半分以上を占めており，トラック事業は13%程度であるが，ここ数年20～30%伸びている。
- ハノイ～ホーチミン間の内航についてはホーチミン→ハノイ方向の片荷になっている。ホーチミン→ハノイ方向は電化製品や消費財などあらゆる貨物が出るが，ハノイ→ホーチミン方向はオートバイと一部，電子部品くらい。
- ノイバイ空港への輸出，輸入貨物量ともに2016年でそれぞれ月間約2万t弱にのぼり，輸出入ともその半分はサムスン電子によるもの。
- 中越ルートの物流：アパレル企業がベトナムで加工したものをハノイから深圳/上海へ輸送する事例のほか，電子部品の水平分業により，武漢，重慶など中国内陸地へ供給する輸送を行っている。中国での販売のタイミングに合わせて深圳は2日，上海は5～6日でトラック輸送できる。ドアtoドアで海路では2週間かかるところ，陸路では1週間。シーズン物に合わせて日本本社の注文生産するものを輸送する需要があり。華南→ハノイ方向の輸送需要は以前多くあったが，現在は部材調達のサプライチェーンも安定し，概ね香港経由の船便で代替しているケースが多い。
- ハノイ～バンコク間：日系企業による自動車部品，事務機器，電子部品などの輸送需要が両方向とも増えている。メインは船便だが，ドアtoドアで2週間かかるため，3日以内の急ぎであれば陸路を利用する。タイ車両とベトナム車両がそれぞれラオス・タイ国境のサワナケートまで走り，サワナケートでコンテナを「載せ替え」する。ベトナム車両はラオス乗り入れのライセンスを持っている。

・南部回廊ルート：ベトナム車両がカンボジアとダブルライセンスでプノンペンに乗り入れてサービスを提供している。
・「一帯一路」ルートについて：ハノイ〜ヒューギ〜南寧〜重慶〜トランスアジア鉄道経由〜欧州という陸路輸送は長期的に可能性あり（日系企業のプリンター，電気製品など）。海路輸送とのコストと時間との兼ね合いで，緊急度の高いものが陸路輸送の対象となるかもしれない。

[ヒアリング記録⑤　TERUMO Viet Nam Co., Ltd.（クアンミン工業団地）]

・テルモ社の海外事業所は世界中に展開。ベトナムの生産拠点は北部の当社と南部ドンナイ省ロンドゥック工業団地（双日が開発した）にある。
・1996年に中国・杭州で輸液セットなどの医療機器の生産を開始した。
・当社は2006年に設立許可取得。チャイナ・プラスワンとして進出した。2008年初出荷。杭州からの輸液セットの生産移管としてスタート。日本からも高機能カテーテルを生産移管，現在それをメイン事業としている。加えて，腹部ステントグラフト（大動脈瘤の治療機器）の埋め込み部も生産している。
・計画生産でシーズン性はとくにない。Export Processing Enterprise（EPE）ステータスを持つ。ハノイに製品の国内向け販社があり，商流上は原則として日本の本社へ輸出し，ベトナム国内向けのみ直接取引の形を取っている（ベトナム国内向けも輸出入通関は実施する）。
・部材調達先は大部分が日本から海路でハイフォン港へ着き5号線→18号線で。一部ラベル・梱包材などは現地調達に切り替え中。ハイフォン港〜当工場の輸送は以前3時間かかっていたが，今は1時間半に短縮。40ftコンテナで部材を搬入し，製品を積み込んでハイフォン港へ運搬する（部材輸入・製品輸出のコンテナは別々に仕立てる）。当社にとって海運の課題は良質・清潔なコンテナの確保。
・近隣諸国から陸路で部材を調達するのはコスト高でやらない。ハノイ圏は周辺国との陸路サプライチェーンが構築しにくい。リードタイムの安定性は船便のほうが高い。当社使用部材はかさばらないので陸路よりはむしろ空路のほうが有利なことが多い。

- 当社では生産開始してから生産管理技術が向上し，従業員の質も悪くないことから，安価・高品質なカテーテルの量産拠点に成長した。製品仕向地は欧州とアジアが2大市場。
- ガバナンス上の課題：ベトナムは法律や規則運用の透明性が低い。例えば労働，環境などのイシューで，突然各省庁から非現実的な指示書が送り付けられることもある。役所の縦割りがある。ベトナム政府からのコンプライアンスの高い日系企業への信頼は，韓国系，中国系企業より高い。日本商工会をビジネスの窓口として部会に集約する。
- 当社の従業員は平均24歳で大部分が女性。現時点ではワーカー採用にまだ困難を感じていない。日系企業は就職先として人気。日本へ行けるかもしれない，研修の機会が得られるかもしれない，という期待がある。
- ベトナムはモノづくりの親和性が高い。ワーカーはまじめで，指示されたことは愚直にやり切る。その半面，進んで理論的に考えたり，それを応用展開したりするスキルは見劣りする。大卒が担う役割ではベトナムは国内人材が不足。創造力の高い層は海外へ流出してしまう傾向にある。教育の特徴として教えられるままに疑問を持たないように育ったマインドセットをOJTでリセットする必要がある。
- 総生産コストのなかで，人件費はそれほど大きくないが，少しずつ上昇中。いくつかの企業は今後の労務費の上昇，オペレーター不足を見据え，既に機械化を推進している。最低賃金に対して20数％の諸費用を加えると，実質労賃は250米ドル／月ほどになり，タイの最低賃金レベルに近づき，フィリピンの方がトータルで安くなった。

[ヒアリング記録⑥　Sumidenso Vietnam Co., Ltd. （ダイアン工業団地）]
- 住友電装のベトナム展開は6社。四輪車，二輪車用，事務機器用（プリンターなど）向けのワイヤーハーネスを生産している。
- 当社は住友電装100％出資の子会社。2004年に会社設立，2005年に操業開始。ダイアン工業団地では最初の入居企業。当初は国営企業Hanoi Electricity（HANEL）との合弁でスタートしたが，2005年に100％子会社化した。従業員は約9,000人。日本人16人，ベトナム人管理職は30人強。

当社の建物面積は約7万6,000m^2。工業団地外のニンザン県に約2万1,000m^{2}の別の工場がある。さらに2018年5月に新工場が完成予定。
・顧客は，自動車ではトヨタ（65%），マツダ（12%），スズキ（10%），電機ではブラザー，キヤノン，富士ゼロックスなど。9割が自動車用。自動車用の仕向け先は6割が日本で2割が米国。ベトナム国内向けは12%で，プリンター用が主体。現地トヨタ向けは売上の1%未満。
・部材調達先は日本，フィリピン，タイ，マレーシア。現地調達はグループ企業からを含むと44%。
・物流はほとんど海運で，タイとも陸路はコストが高くて使わない。急ぎの場合は空輸を使う。40ftコンテナで500本／月のペースで，輸入200本，輸出300本。
・国道5号線の利用については，この13年の間に，ハノイより会社までの時間が45分から70分に増えた。交通量の増加とともに信号が増えたのが原因。新しい高速道路は，インターチェンジまで15～20分かかるので，使わない。しかも通行料が乗用車でも460万ドン（約2.2万円／月）と高い。
・ベトナム道路は舗装の質が悪いのではないか。日本であればアスファルトの厚みを50cmはとっているところ，それより薄いとすぐ痛む。そのリハビリ用の資金が足りないような場合，ハイフォン市当局が突然文書で企業にコンテナ単位で50万ドンを請求するといったことがある。
・ハイフォン港の貨物取扱いキャパシティやインフラはタイのレムチャバンと比べるとまだまだ。ガントリークレーンでなく可動式が中心で，ハンドリングのスピードが遅い。
・当社は2011年に最初に政府が奨励していたAEO（Authorized Economic Operator）ステータスを与えられた5社の1つ（現在は50社）で，通関の際にサンプルチェックを受けることはない。まれに非公式な支払いを求められることがあっても，一切拒否する。
・2011年の東日本大震災以降，生産量が急拡大し，従業員を5,000人規模で増加させた。その後，体質強化期として，生産性・品質を大きく改善，2018年以降は再び拡大期に入る予定。日本本社の戦略として，各国のカントリーリスクを比較したうえで，ベトナムを評価している。

・従業員の男女比率は男性29%，女性71%。平均年齢は27.2歳。離職率は1%台。工場内にトレーニングセンターを設置し，環境・安全面の教育も施している。
・ハイズオン省の5号線のこの付近には多数の工業団地が並んでいるが，労働者の過剰な取り合いにはなっていない。地元労働者は通勤距離が20kmを超えない範囲で自宅から通う。それを越えると下宿する。

[ヒアリング記録⑦　Brother Machinery Vietnam Co., Ltd.（タンチュオン工業団地）]
・ブラザー社全体の事業別売上高構成はプリンター・複合機など約60%，マシナリー約14%，ネットワーク＆コンテンツ（業務用通信カラオケシステムなど）約7%などとなっており，マシナリー事業のなかに入る工業用ミシンの売上割合は4.2%。地域別売上高構成は米州約32%，欧州約25%，アジア約25%，日本約18%と，海外が8割を超える。連結従業員数は約3万7,000人で，地域別従業員比率はアジア約58%，日本28%となっている。（2017年3月末時点）
・プリンターの生産はベトナム・フックディエン工場とフィリピン・バタンガス工場，中国深圳工場がメイン。
・1990年代に陝西省西安市に工業用ミシンの主要生産拠点を設置し操業していたところ，今後の生産増と中国1国に集中するリスク回避のためベトナムに軸足を求めた（チャイナ・プラスワン）。ブラザーマシナリー（ベトナム）は2013年4月に設立，14年5月に稼働。
・物流に関して：道路インフラはここ4年で良くなった。5号線は立体交差が増え，ハイフォン港まで1時間半程度か。17〜18時はハイフォン港入口が渋滞する。ハイフォン港はコンテナヤードを拡張して混雑緩和を図っているが，一方，コンテナの確保も問題ない。
・中国からの部品は，コンテナ輸送が一般的で，上海や天津港からハイフォン港まで12日間，通関に2日，トラック輸送に1日といったプロセスがルーティーン化している。日本からの調達は混載便を利用している。
・ベトナムでは通常3〜5年に1回，税関による立ち入り検査がある。その場

合，マイナスの棚卸し誤差があると，EPE 企業の場合は輸出したとみなされ課税される事が多い。
・労働者の募集は日本語ができるコア人材は人材紹介サービスを利用，一般ワーカーは掲示板貼り出し。人件費は中国の半分程度。

[ヒアリング記録⑧　Jaguar International Corporation Hanoi （タンチュオン工業団地）]

・ジャガー社の海外拠点の最初は 1971 年，台湾に現地法人を設立。1992 年，中国広東省・珠海に進出。2007 年にベトナム進出。
・当社概要：日本本社の 100% 子会社。敷地面積 5 万 0,437m^2，建物面積 2 万 2,600m^2。従業員数 888 名（2017 年 8 月 8 日現在）。女性 87%，男性 13%。平均年齢 30 歳。スタッフ部門は約 40 人で日本語・英語ができる人材を主に人材紹介会社を通じて雇用。日本人出向者 4 名（2018 年 1 月 9 日時点）。
・生産品目は家庭用ミシン約 10 種類。2008 年に日本向け初輸出，以後，生産量が拡大し，現在年産 60 〜 70 万台。需要次第で予備の敷地に生産拡張の余地あり。
・製品は 100% 輸出。EPE ステータスを取得し，世界約 70 ヵ国に販売。その構成は欧州 31%，米国 19%，日本 15%，ロシア 4%，ブラジル 1% など。
・商流としては 100% 日本の親会社へ輸出し，そこから各地へ再輸出。物流としては当工場からフォアーダーを通じ，ハイフォン港 FOB でハンブルクやバルセロナなど主要市場の物流ハブ経由で出荷。OEM などバイヤー企業が船会社を指定。
・部品の調達：数量ベースで 70% 強，金額ベースで 60% 強が国内調達（現地進出台湾企業・中国企業・日系企業・地場企業など）。現地調達部品の課題は安定した品質および納期確保と価格。操業 10 年目だが，品質確保がとくに課題。
・樹脂・鋼板等の原材料はほとんどが輸入。部品輸入はモーター，基板，トランスなどを，歴史的経緯もあり，台湾・中国・タイなどから調達。これらを段階的にベトナム現地調達に切り替えていく方針。
・製品・部材の入出庫ついては，EPE 企業のため，通関手続きがかなり面倒

で手間を要する。EPE ステータスのメリットは関税・VAT 免除，デメリットは手続きの煩雑さ。
・ベトナムを選んだ理由：ハイズオン省の当地はベトナムの第1～4地域の第3地域に属し，比較的人件費が安価であること。国道5号線沿いにあり，ハイフォン港まで約50kmと，輸送・交通に利便性があること。
・グローバルな事業展開をする大手OEM発注顧客からは，ILO の労働基準（SA8000 など）順守を求められる。さらに対北米市場について C-TPAT（Customs Trade Partnership Against Terrorism）という規則により，税関は企業に対してサプライチェーンにつながる個々のビジネスパートナーにセキュリティガイドラインを周知させ，安全確保努力の一体性を確保するよう要請している。Global Security Verification として1年毎の Audit があり，OK となれば新たな verification として更新される。
・物流について：オートバイ中心だった2005年頃の5号線と比べ，コンテナトラック通行量が激増し，隔世の感がある。当時，野村ハイフォン工業団地はガラガラの状態だったが今は満杯。
・ノイバイ空港から当社まで約90分。ハノイ－ハイフォン高速道路はタンチュオン工業団地から離れているのでほとんど使わない。
・ハノイ北部以外の陸路物流は使わず，基本はすべて海路。将来，インド・中近東市場が有望。
・従業員の出身地はハイズオン省の近隣地域がメインで，オートバイ通勤が可能なエリア。最近は近隣企業との競合で人材集めが難しくなりつつある。
・最低賃金アップ率が年2桁オーダーで続いてきたが，2017年および2018年は1桁オーダーのアップ率に落ち着いた。しかしながら，このままいけばベトナムもどこかで行き詰まる時が来る。

[ヒアリング記録⑨ NIPRO Pharma Vietnam Co., Ltd.（VSIP ハイフォン工業団地）]
・ハイフォンは北部で唯一の経済特区で，VSIP 工業団地は団地単位で税制優遇が得られる。一方，ハノイ周辺の工業団地は企業単位で申請する。当社のオペレーションは製品全量輸出なので EPE ステータスにより輸入部材は免

税である。
- ニプログループは医療機器と医薬品，医薬品包装資材の3つの事業を展開している。医療の分野で市場の成長が期待できるのはインド，中国，インドネシアなどの人口大国である。それぞれに医療機器工場を展開し，地産地消を目指している。医薬品（ファーマ部門）については，中国市場が10兆円規模を越え，日本市場を抜いた。日本の医薬品市場約10兆円のうち，約9兆円が新薬市場。新薬は特許競争が激しく，開発コストが1品あたり数百～1千億円にのぼる。ニプロファーマは医薬品の受託生産をしており，医薬品の安定供給が肝要である。福島県の工場が2011年に被災したことが契機となり，海外へ投資を検討した。天災リスクが小さく，勤勉な労働力があるベトナムを選定し，今後も安定供給とコストの最適化を追求する。
- ベトナム工場では，アンプルやバイアルなど注射剤の医薬品を生産し，目下のところ，全量日本へ出荷している。工場新設時には，独立行政法人医薬品医療機器総合機構（PMDA）の査察を受け，日本向けの品質が担保されていることを確認された。将来はベトナム市場を含む東南アジア市場を開拓したい。
- 部材調達先はほぼ日本から船便だが，中国からのものもある。受注ベースの生産で，納期をシビアにコントロールしなければならない。受注後約3ヵ月後に納品となる。リーファーコンテナで定温輸送措置を行って日本へ輸送している。
- 物流上の問題として挙げるとすれば，年々物流需要が増加しているハイフォン港の混雑が挙げられる。
- 当社工場の日本人スタッフは13人体制。ベトナム人従業員は約190人で，うち課長職が7人。日系精密機器メーカーは中国華南から中国人管理職をベトナムへ派遣する事例もある。当社の一般従業員の学歴は高専か短大以上とやや高めにし，他業種企業と棲み分けを図っている。男女比率は半々。賃金レベルは現在月額400万ドン（約2万円）と，数年前と比べればかなり高くなっている。
- ハイフォン市はここ3年の新規進出外資の縫製企業（香港系など）や電子メーカー（韓国系など）が数千～1万人単位で労働者を採用したため，現在

は労働集約型の事業は人が集めにくくなった。
・ハノイ＝ハイフォン高速道路は通行料金が高い。乗用車は片道約1,000円だが，トラックは4,000円もする。一般的に，急ぎでない貨物は3時間かかったとしても従来通り国道5号線を利用しているようである。高速道路を通る商用車はバスが中心。
・ハイフォン＝クアンニン高速道路ができればハイフォン～モンカイ間が4時間に短縮されるだろう。
・ハノイとハイフォンの間には旅客列車が1日4本運行されている。貨物列車も走っているが，具体的な本数は不明である。

第5節　ダナン経済圏

　2017年11月にAPEC会議のホスト都市をこなしたダナンは注目度が上がっている。ダナンは古くから国際貿易で栄え，今では国際深海港を擁するベトナム第3の港湾都市であるとともに，中部最大の政府直轄都市である。経済規模はホーチミン，ハノイ，ハイフォンに次ぐ第4位，人口は2016年12月時点で約105万人だが，2025年までに200万人に達するとみられている。市内交通は現在のところ渋滞は通勤時間帯の一部区間のみと限定的だが，将来に向け，すでに区画整理や立体交差工事などの対策を進めている。ダナン投資促進庁のデータによると，不動産案件の多くがホテルやニュータウンといった大規模案件が多いのに対し，製造業は中小企業がダナンの工業団地などに関心を寄せている。案件数順に並べると，"IT系"でくくれる専門・科学・技術活動と情報技術・通信が2位，3位となる。多額の資本金を必要としないIT系の進出が好調である（ジェトロ発行の「ダナンスタイル2017」より抜粋）。
　経済圏拡大のために必要な輸送・物流インフラは着実に整備が進んでいる。ダナン国際空港は市内中心部からわずか3kmの距離にあり，空路アクセスは至便だ。第2ターミナルが日本の援助で2017年5月に完成したばかりで，日本への直行便はベトナム航空が成田へ週7便，ジェットスターパシフィックが関西空港へ週4便飛んでいる。さらに韓国の仁川空港へは毎日直行便が10便

ほど運航しており，ダナン市内の観光客は韓国人が激増している。

　ダナン市とその南のクアンガイ省クアンガイを結ぶ高速道路（全140km）のうち，タムキー市までの65kmが2017年8月に開通した。これはベトナム中部地域として初めての高速道路で，南北高速道路のうち最優先整備路線の1つとして建設されている。これまでタムキーまで国道1A号線で約1時間半かかっていたところ，約30分に短縮された。全区間が完工（2018年第1四半期予定）すれば，クアンガイまでの走行時間は現在4時間から約1時間半に短縮される見込みである。沿線にはベトナム中部地域の国際物流を支える運輸施設や生産拠点が点在しており，中部地域の経済成長促進にも寄与すると期待されている。クアンナム省とクアンガイ省の人口はそれぞれ149万人および125万人と，ダナン市よりも多く，労働集約型産業にとっては魅力が大きい（『ジェトロ通商弘報』2017年9月29日付）。

　ダナンはIT系企業の進出が目立ち（図5-3・表5-6参照），市内中心部のソフトウェアパーク入居企業の大半は日系かそのアウトソーシング先で，多岐にわたるソフトウェアサービスを日本向けに展開している。ITアウトソーシング最大手のFPTグループはFPT Complexと呼ばれる受託開発拠点をダナンに開設した。ここを訪ねると，斬新なデザインの5階建てオフィスビルは下層階は通勤者用の駐車場，空中渡り廊下でつながる奥のアネックスビルにはカ

図 5-3　ダナンの IT 関連工業団地

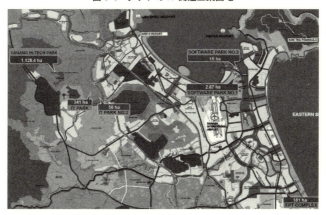

出所：ダナン投資促進庁（IPA）。

表 5-6 ダナン圏の主要工業団地

工業団地名	立地	入居企業内訳	主要日系企業
ダナン Da Nang	市内中心部	入居企業数不明。地場系，台湾系が多いもよう	ロジテム，カメヤマローソクなど
ダナン水産物サービス Da Nang Seafood Service	市内中心部	入居企業数不明。地場系が多いもよう	「すさみ物産」という看板の建屋を見た。
ソフトウェアパーク1 Software Park No.1	市庁舎隣接の中層ビル	日系IT会社が多数入居しているもよう	受付で富士通の看板も見た。
ダナンハイテクパーク Da Nang Hightech Park	市中心から北西10km	4社の日系2社，地場系2社	Niwa Foundry, Tokyo Keiki Precision
FPT Complex	市中心から南へ7km	FPT社以外は不明。敷地を開発中。	
ホアカム Hoa Cam	市中心から南西へ5km	58社のうち地場系51社，日系6社ほか	フォスター電機ほか。部品・素材企業が数社
ホアカイン Hoa Khanh	市中心から北西へ6km	総数不明だが満杯のもよう。ハイネケン工場など多国籍企業多数	マブチモーター，村田製作所，関西ペイントほか
新ホアカイン Hoa Khanh Extened	ホアカイン工業団地の北西に隣接	22社のうち地場系8社，日系3社，韓国系3社，台湾系3社，マレーシア系3社ほか	Kamui Vietnam, Seto Vietnam, Vina Foods Kyoei
リエンチュウ Lien Chieu	市中心から北へ10km	入居23社のうち地場系22社，日系1社	Endo Chuzou Vietnam Co., Ltd.（アルミ鋳造）

出所：表 5-4 に同じ。

フェテリアなど，社員のアメニティを強調した造りとなっている。市内のソフトウェアパークが行政主導の若者職場だとすれば，ここは民間主導の若者職場というところだ。ソフトウェア人材を輩出する地元のダナン工科大学はアジア太平洋ロボットコンテストで優勝経験をもつという（在ダナン日系ソフトウェア企業）。佐藤（2017）によれば，ベトナムのソフトウェア企業の従業員は2009年の6.4万人から2013年は8.9万人と増加傾向にあるが，労働者人口（2013年で5,325万人）のうち，情報産業全体の雇用シェアは0.8%と小さい。小規模の企業が多いからである。一方，ソフトウェア業界トップのFPTグループは売り上げ1億3,500万ドル（2014年12月）と7.8%の市場シェアを持つ。同社はソフトウェア人材育成のため「FPT大学」を運営し，ハノイ，ホーチミン，ダナンの3キャンパスに1万8,000人の学生を擁する。

[ヒアリング記録⑩　日系縫製企業（ダナン市）]

- IT 系企業はソフトウェア人材が比較的豊富なダナンにやってくるが，投資額が小さく，資本金100万円単位で雇用人数は50人未満が多い。
- 労働集約型の大手メーカーは生産拠点進出先としてダナンよりはカンボジアやミャンマー，もしくはベトナム国内でハイフォン近郊に目が向いている。ダナンの生活環境は悪くないが，製造業のオペレーション環境としての比較優位はいまひとつ。ハノイとホーチミンから2時間圏内程度まで離れた近隣省も現地調達上の優位性があるため，ダナン市よりはそうした近隣省のほうがとくに機械関係の製造業にとっては立地に適しているだろう。
- ダナンは地域分類のなかでゾーン3からゾーン2に格上げされ，最低賃金水準もそれに応じて上昇した。しかし，ガーメント産業では都市部で人が集まり難くなったため，中部ではダナンを始めとして，ゾーン3に属するクアンナム省，フエ省，クアンチ省を選ぶ傾向になった。そうした「地方」であれば，非製造業化が進んだ都市部と異なり，ガーメント産業で働く工員のステータスがまだ高い。ベトナムのガーメント企業は韓国系が多い。
- 日系ガーメント企業はカンボジアやミャンマーも見ながらベトナムを選ぶところもまだある。日本市場をメインに考えるならベトナムが限界か。バングラデシュまで行くと，賃金は安いが物流コストが高く，駐在員環境も厳しい。
- ベトナムへの進出はこれからは内需狙いのほうが有望だろう。日本経済の成長率が低く，市場の伸びが期待できないなか，日本向けを前提とする輸出加工型企業はコストを切り詰めて利益を出していくのが厳しい。進出先の税務当局とのあつれきもある。製造業はコスト構造が見えやすいので税務当局がみなし課税で攻め込みやすいが，内需狙いのサービス業はコスト構造がわかりにくい。ちなみにベトナムの税収は全国的に厳しく，外資企業の移転価格操作も厳しく取り締まっている。
- ダナンの物流について：ダナン港からの国内陸送費はほとんどかからないところは有利な点。ダナン港の貨物の出入りは出る方が入る方より量が多い。東西回廊の陸路でも出る方が入る方より多い片荷問題が解消しない。南部回廊のほうは片荷問題がそれほど深刻でないのではないか。

- 当社はダナン進出12年目。製品の90%は日本へ出荷，10%は韓国，中国，タイほかの東南アジア向け。日本向け出荷は週3便大阪・神戸港へ。リードタイムは8日（最速）～14日。経由便から直行便（積み替えなし）が入り混じり以前よりはだいぶ便利になった。ただし，ハイフォン，サイゴン港からの輸送に比べて運賃は割高。欧米・アジア向け出荷は様々な航路の途中でダナンに寄港する便を利用する。
- 部材調達は，合成皮革は9割は韓国から。最初は日本だったが，日本人技術者を引き抜いて韓国企業が競争力をつけた。釜山からダナン港まで直送船便は週3便あり。急ぎの場合は空路なら仁川から1日10便直行便がある。
- 200人余りの工員は多くがバイク通勤10分圏内から通っている。彼らは20分以上の通勤時間を嫌う。工場隣の食堂でランチを提供し，インセンティブとしている。

[ヒアリング記録⑪　Takemoto Vietnam Co., Ltd.（ダナン市）]

- 当社の親会社は大阪のハカルプラスで，旧「タケモトデンキ」。本社従業員は約200人で，電力計測器並びに粉体計量システムを製造。
- 海外拠点としては，ベトナムの他には中国上海に工場・営業拠点，また1年前からタイのサムットプラカーン県に工場・営業拠点（スタッフ5～6人）を設立した。自動車・電池産業を中心に日系メーカー・現地メーカーの粉体計量設備を現地で設計・製造している。そこへの技術サポートの一部を当社が行っている。
- 本社の計測器マーケットは今のところ，日本国内が中心。日本での競争相手は三菱電機など。アジア市場での競争相手はヨーロッパ・インド・中国などのメーカー。ベトナム市場はホーチミンとハノイが中心となるが，本社製品の単価200ドルくらいに比べ，100ドルくらいの他国製品と競争しなければならないので厳しい。
- 当社の主要事業は日本向けに電力計測器，粉体計量システムなどに組み込むソフトウェア開発。ダナンに進出して10年になり，ベトナム社員は本社の製品開発の核のメンバーになっている。本社で製品開発プロジェクトのキックオフの際には，ダナンからメンバーが日本に召集される。将来は当社自身

で計測器そのもののハードウェア生産，粉体計量設備の設計・製造にも事業を拡大したい。
- 当社の陣容は主に電子工学分野のエンジニア 24 人で男女比率は 6:4。男性は転職傾向が強いが，女性はそうでもない。採用後 1 年ほどダナンで日本語などを勉強し，大阪本社で 3 年間就労後，当社へ戻る。
- ソフトウェア開発人材は買い手市場で，応募者 200 人ほどのなかから試験・面接を通じて採用は 4 人といった形で厳選する。ただし，日系のソフトウェア会社がダナンで現地法人をつくるケースが増えており，優秀なエンジニアは日系企業同士でも引き抜きなどの問題がある。
- ダナン沿岸部はリゾート，ホテル，コンドミニアムなど不動産開発がここ 3 年間に急増した。5,000 万円もするコンドミニアムもある。これらの買い手はだいたい中国人ではないか。
- ダナン港は内航ロジスティクスがハイフォンやホーチミンに比べて不便（船便の頻度）。

第 6 節　「国際リバブル都市」のモデルか

　ダナンを中心とするベトナム中部は観光資源に恵まれており，ダナン市も工業都市よりは観光都市に向いているという印象を筆者は持った。市街の中央を南北にゆったりと流れる幅 300m〜1km のハン川には 5 本の大橋が架かり，ライトアップされた夜景は素晴らしい。その河口にあるダナン漁港に揚がってくる新鮮な魚類を食べられる海鮮レストランは市内に数多い。海岸沿いのヴォーグエンザップ通り沿いは，一般観光客で賑わうミーケビーチからその南方向の数キロにかけて，プルマン，フラマ，シェラトンなど高級ブランドのホテル群が続く。さらに海岸線をそのまま世界遺産のホイアンへ至る 26km は，舗装が真新しい片側 2 車線の平坦な一本道で，その海岸側は Naman Retreat, Melia Danang, Vinpearl Danang Resort Village といった看板のすでに稼働しているリゾートのほかに，開発中の広告柵が延々と続く。海岸側のすべての土地はすでに誰かに売却され，リゾート開発計画があるようだ。

ビーチと反対方向のダナン中心部から西へ約 30km の地点には，Ba Na Hills という新観光スポットができている。市街から片側 2 車線のこれも一本道を 30 分飛ばすと，忽然と城塞を模したゲートが現れる。その前には広大な駐車場がある。入場料 65 万ドン（3,000 円強）という現地では高額の「フランス村」テーマパークである。ハロン湾のロープウェイや観覧車と同じ SunWorld による開発である。そのゲートから全長 5km，所要時間 25 分のロープウェイで約 1,500m 山頂のテーマパークに登る。ロープウェイを 3 本備えた壮大な規模で，2017 年 8 月の視察時に操業率はまだ 3〜4 割程度だった。客の 8 割以上が韓国人だったと思う。

　ダナンの北約 100km には世界遺産の古都フエがあり，2005 年に日本の援助で完成した東南アジア最大の全長 6.3km のハンヴァン・トンネルのおかげで，フエまで約 80 分で到達する。フエへの途中にも風光明媚な箇所が多い。トンネルを通らずにハイヴァン峠の九十九折の道路を登ると，海抜 496m の展望場所になっている旧砦からは，晴れていれば南のダナン方面，北のランコー村方面ともに素晴らしい眺めである。峠を下り，潟を抱え込むような地形で細く延びるランコー村には美しいビーチが広がる。ここはまだベトナム人中心のローカルリゾートだが，ダナンのビーチよりはるかに空いていて観光ポテンシャルは高そうだ。ダナンの南側も観光スポットが多い。ダナンからホイアンまで約 40 分，ホイアンからこれも世界遺産のミーソン遺跡まで 45 分，そこからダナンに戻るのに約 70 分と，ダナンから三角形を描く世界遺産ツアーを半日でこなせる。

　空港アクセスの至便さ，市内の渋滞の少なさ，多様な観光資源，英語を使いこなせるサービス業やソフトウェア業界の若手人材の豊富さなどを考えると，ダナンは工業化とは異なる路線が比較優位に沿っている。今回の視察で驚いたのは韓国人観光客の多さで，これは陸路連結性よりも空路連結性のスピード感を象徴するものだ。現在の道路交通状況を悪化させないように空路インフラを拡充し，観光客と環境にやさしい産業を誘致することができれば，いわば「国際リバブル都市」のモデルになるかもしれない。

第7節　東西経済回廊

　上述のようにハノイ圏とバンコク圏の双方に拠点を持つ日系企業にとっては，ラオスとベトナムを横断する国道9号線，もしくはその北側に並行するラオスの国道12号線が陸路のサプライチェーンルートとして利用の対象となる。また，タイ・プラスワンとしてサワナケートの経済特区に進出している日系企業にとってはバンコク～ムクダハン（タイ）＝サワナケート（ラオス）の区間はサプライチェーンがある程度確立しているといえる。

　一方，ダナンを起点としてみる場合，その先のフエ～ドンハー～ラオバオ＝デンサワン（ラオス）国境へと続く本来の東西経済回廊ルートの物流はいまひとつ伸びない印象である（表5-7，5-8参照）。ダナン圏の製造業集積がハノイやホーチミンと比べれば小さいことが根本的な要因であろう。ベトナム中部

表5-7　ダナン～サワナケートの移動データ（2017年8月時点）

国	区間	移動手段	距離	実質走行時間	平均速度
ベトナム	ダナン～フエ	乗用車	約100km	80分	75km/h
	フエ～ドンハー	乗用車	約60km	推定1時間半	(40km/h)
	ドンハー～ラオバオ	ミニバス	82km	約1時間半	55km/h
ラオス	デンサワン～サワナケート	公共バス	225km	約5時間半	41km/h

注：フエ～ドンハー，ドンハー～ラオバオ，デンサワン～サワナケートは2013年7月のもの。
出所：筆者実走。

表5-8　ラオバオ＝デンサワン国境の特徴（2013年7月時点）

ヒトの流れ	モノの流れ	国境周辺施設	特別区等
国際バスの往来あり。タイ人観光客と一時通行証をもつベトナム人が多い。	双方向にトラックの越境可能。ベトナム側からの流れが多い。シングルストップ検査実験中。	ラオバオ側：ゲートそばに大規模免税店あり。ゲートから1kmほどがラオバオの市街で，マーケット，ショッピングビル，ホテルなどあり。デンサワン側：ゲートそばに免税店，カジノ施設あり。ゲートから2kmほどがデンサワンの町だが，規模は小さい。	ラオバオ側：第1ゲートと第2ゲートの間が特別経済商業区で，国境付近の工業団地が稼働。デンサワン側：第1ゲートと第2ゲートの間が国境貿易商業地域だが，目立った動きは見られない。

出所：筆者視察。

(ダナン市内ではないにしても)における産業集積が進むまでは，このルートで工業製品の物流が急増するということは考えにくい。日系物流企業へのヒアリングでも，2000年代初めに描いていた東西回廊利用の貨物需要は今のところ見込みが外れたとの声が聞かれた。

(藤村　学)

参考文献

大木博巳 (2017)「第2章 中国の対CLMV貿易」『踊り場のメコン経済，現状と展望〜貿易，物流，産業人材育成〜』国際貿易投資研究所 (ITI) 調査研究シリーズNo.49, 37-84頁。

佐藤進 (2017)「第4章　ベトナムにおけるソフトウェア分野の産業集積の現状と課題」税所哲郎編著『産業クラスター戦略による地域創造の新潮流』白桃書房, 60-78頁。

ジェトロ (2017)「ベトナム北中部工業団地データ集」2017年1月。

トラン・ヴァン・トウ 2012「越中国境経済調査ノート」IDE-JETRO。

藤村学 (2017)「第3章 大メコン圏の経済回廊における越境物流と通関の実態：日系企業ヒアリングを中心に」『踊り場のメコン経済，現状と展望〜貿易，物流，産業人材育成〜』国際貿易投資研究所 (ITI) 調査研究シリーズNo.49, 85-123頁。

第6章
ベトナムにおける産業人材育成

要約

　産業全体の底上げを図るうえで産業人材育成は避けられない課題である。本章では，裾野産業とりわけ機械産業の概要と関連人材の現況について述べたうえで，こうした課題に取り組んでいる官民の産業人材育成関連機関の活動を紹介する。また，支援を活用してきた企業の事例についてもまとめる。

　全体的な評価としては，諸機関の活動が必ずしも戦略的に整合する形で実施されておらず，むしろ単発的な活動が多く，試行錯誤が続いていると判断できる。事例とした現地資本企業の側にも，研修に関する情報収集や技術面での組織能力向上への意識向上に改善の余地がある。短期的な成果は研修機関でも企業でも十分に生じているが，長期的な課題は残っている。公的支援と民間の自助努力のいずれにおいても，質量両面のさらなる産業人材育成への取り組みが求められる。

はじめに

　産業人材育成は，長期的な産業発展を実現するために不可欠の条件と言える。特に現地資本系企業の従業員の育成は公的な支援の必要性が高いと考えられる。戦略的重要性を考慮すると，とりわけ電機，二輪車，自動車産業へ部品を供給する裾野産業における人材育成が求められる。この点では，グローバルバリューチェーンとの協力が大きな課題になっている。ビジネスとして成立しにくい以上，人材育成への投資誘因も高まってこないのは無理からぬところも

ある。長期的には企業による自立した育成が進められるべきであるものの，短期的・中期的には公的支援の大きな役割が期待される。

以下，産業人材育成についての本論に入る前に，産業貿易省戦略産業研究所の裾野産業開発センター（Supporting Industry Enterprises Development Center: SIDEC）におけるインタビューをもとに，裾野産業の現状について整理したい。

過去10年間で，一部の企業はオートバイから自動車へのアップグレードに成功したが，ベトナム国内の乗用車市場はまだ年間で20万台に過ぎず，規模の経済が働く水準には達していない。サムスンは確かに大きな存在だが，現地企業が部品サプライヤーになるのは難しい。部品の多くは小さくて軽いため，容易に輸入できるという条件もマイナスとなっている。

LGを含めても現地資本の1次サプライヤーはなく，2次サプライヤーも15社程度にとどまっている。日系企業では，全般に現地調達率が上昇していることは確かで，ホンダの二輪車事業では80％を超えているという。現地資本の1次サプライヤーも30社と多く，日系，台湾系と分け合う形になっている。キヤノンも40％であるが社内生産の比率は高くなっている。現地資本系企業も現地調達率の向上に取り組んでいて，例えば現地資本の自動車メーカーTHACOの自社ブランド製品は基本的に内製部品に依存しつつも，ハノイやホーチミンの現地資本系企業からも部品を購入している。

現在，裾野産業としてはおよそ500社の現地資本企業が事業を展開している。5年前には400社程度だったので量的に増えていて，製品の品質についても順調に改善していると評価されている。200〜300人以上の従業員を擁する企業も30〜50社に上っている。起業家の中には技術者としてのバックグラウンドを持つ場合も少なくない。2013年に政府が発表した方針では，2020年に1,000社にまで増やすことを目標としている。

ただ，この目標の達成は容易でないかもしれない。国際競争の激化が影を落としつつあるためである。AFTAは製造業に大きな影響を与え始めている。具体的には，タイとインドネシアのサプライヤーが直接の競争相手になってきた。中国企業との競争も軽視できないが，多くのベトナム企業はニッチ市場で事業を展開しているため，中国企業は同じ市場に興味がないとも想定できると

いう。中国企業はベトナム企業より生産の機械化・自動化が進んでいることもあって，対 ASEAN 企業ほど直接競合していないと思われる。例えば，ワイヤーハーネスのような労働集約的な製品は，まだベトナム企業が競争優位を持っている。

　いずれにしても，裾野産業をはじめとする産業全体の底上げを図るうえで産業人材育成は避けられない課題である。次節では，2016 年度に現地の研究協力者であるベトナム国家大学ハノイ校の Nham Phong Tuan, Nguyen Thu Huong の両氏が取りまとめた英文報告書から，戦略産業である機械産業セクターの概要と関連人材の現況についての記述部分を引用・再構成する形で論じる。また，現状に対応するため官民の産業人材育成関連機関は様々な取り組みを行っている。諸機関による事業内容を紹介する。さらに，こうした事業の支援を活用してきた企業の事例についてもまとめた。人材育成関連機関・支援活用企業の活動内容についても，前述の研究協力者両氏と共同で 2017 年 8 月にハノイとダナンで実施した現地調査結果をまとめた英文報告書に基づいて再構成したものである。最後に，これまでの議論を踏まえて産業人材育成に関する課題について検討する。

第 1 節　機械産業セクターの概要と人材育成

1. 機械産業セクターの概要

　機械産業はベトナムの主要産業といえる。ベトナム機械工業会によると，2015 年末にはおよそ 3,100 社の企業が機械産業に分類され，それら企業には合わせて 5 万 3,000 ヵ所の機械製造に関わる事業所がある。これらの事業所の約 50％が製造と組み立てに特化しており，残りは修理施設として運営されている。これまで各企業・事業所は長期間努力を続けてきたが，一般的に言うと国内の機械工学技術は依然として水準が低く時代遅れと評価されている。このため，2014 年に 270 億ドルの機械設備を輸入している一方で，輸出は 150 億ドルにとどまっている。

　この背景にはいくつかの問題がある。機械関連の裾野産業は原材料の 70％

を輸入に依存している。300以上の企業が機械部品を生産しているが，そのほとんどは単純な構造の製品で技術面でも低水準である。エンジンやギヤボックス，ムーブメントなどの重要な機能部品は100％輸入する必要がある。国内の生産能力は需要を満たしておらず，機械設備も毎年数十億ドルを輸入している。最終製品としての機械についても，国産品のシェアは市場の約7％に過ぎない。産業貿易省の重工業局によると，とりわけ自動車産業は裾野産業の発達が遅れている。例えば，9人乗り乗用車の部品現地調達率は7～10％にとどまっており，2005年までに40％，2010年までに60％という目標値に遠く及ばない。ほとんどの自動車部品が輸入されているため，ベトナムの自動車メーカーは梱包，出荷，輸入税などの追加費用を負担せざるを得ない。その影響もあり，ベトナム製自動車の総生産コストは，タイやインドネシアなどの域内各国よりも高くなっている。

　裾野産業発展のための支援政策はまだ十分ではなく，ほとんどの地場企業は自力で市場を探索・開発している。ベトナム政府は長年，裾野産業を支えてきたが，その理解と適用の方法はまだ混乱している。科学技術省によると，大部分の企業は資本と設備が不足しており，時代遅れの技術が採用されているため，支援政策が実行されても十分な効果が望めない。ベトナム企業の組織，管理および技術能力は非常に限定的であり，外国資本が求める要件を満たすことができない。いくつかの機械メーカーによる裾野産業の調査でも，ほとんどが中小企業規模であり，金融や品質と生産性を確保するための設備に弱点があり，納期を満たすこともできないという結果が示されている。

　企業間の情報とリンクの欠如も問題とされる。ベトナム企業が機械部品を米国から輸入したら，実際にはその部品がベトナム製だったという笑えない話もあるという。市場での購買力，業界の成長，企業の能力といった投資家を企業と結びつけるためのデータが不足している。この状況が改善されれば，双方が時間と費用の両方を節約できる。

2. ベトナム機械産業における人材の現況

　南部のホーチミン市やビンズオン省，ドンナイ省やその他近隣，さらにハノイの既存の工業団地や輸出加工区では，高額の給与で多くの求人を出しても，

旋盤，フライス盤などを操作する技能者が常に不足している状態である。北部の州では，ハノイ，バクニン省，タイグエンなどの工業地域にある機械エンジニアリング会社も，従業員を大量にリクルートする必要がある。Job recruitment 24h や，Quick Job Search, Careerlink などの求人サイトをみると，機械関連は採用ニーズが最も高い業種の1つになっている。企業規模を問わず希少性の高い技術者，技能者のニーズは大きい。

　国内の2,000ヵ所を超える工業団地では，アパレル産業，化学など幅広い製品が生産されているが，その中でも機械産業は最も人手の不足しているセクターである。統計によると，同産業は今後10年以上成長を続け，労働力不足も深刻な状態が続くとされている。ホーチミン市労働市場情報人材需要予測センター（The HCM City Centre of Forecasting Manpower Needs and Labour Market Information: Falmi）によれば，2015年から2020年の間の人材需要のランキングは，機械産業が1位で，労働需要全体の28％を占める。そのうち，職業訓練学校を卒業した人への需要が最も多く，50％を占め，次いで大卒が30％，未熟練労働者が20％となっている。しかしながら，供給は需要の6割を満たすに過ぎない。2020年までに，大量の労働力を必要とするセクターは4つあるが，精密機械エンジニアリング・オートメーションが年間8,000人以上，電子・IT業界が年間1万6,200人，食品加工業が年間1万800人，化学・医薬品・化粧品が1万800人となっている。精密機械の分野では，従業員が積極的に知識を身に付けることが要求され，高いスキルを持った労働力のニーズが高まっている。

　機械産業の企業は，特に高いスキルをもった技術者などの人材不足に悩んでいるが，学生や親たちは，この業界にほとんど関心がない。さらに，ベトナムで機械関連の人材は著しく不足しているにもかかわらず，学生は国内のエンジニアリング企業で働くよりも，海外で働くことを望んでいる。韓国では，多くの企業が機械技術者やエンジニアを月給3千万ベトナムドンと魅力的な給与で採用している。またイギリスの機械エンジニアの平均年収は4万ポンド，アメリカでは6万7,000ドルに達する。そのため，国内のエンジニア企業はますます労働力不足となっている。

　機械エンジニアリングの分野の教育をする大学は約80（2009年12月時

点）ヵ所ある。ベトナム政府の機械エンジニアリング産業の開発戦略では，機械産業のトレーニング施設の拡充を最優先投資項目と明示しており，優秀な労働者が海外で訓練やインターンの実習を受けるプログラムの予算が組まれ，承認された。しかし，ベトナムの一般的な教育システムは理論重視で実践が欠けていて，習得された知識はビジネスが求めるものと開きがある。教育施設が古く，量的に不足していることも課題となっている。

第2節　産業人材育成関連機関の事例

1. ダナン企業支援センター (Danang Center for Supporting Enterprises, DNCSE)

中小企業の発展を支援する政令に基づいて，2010年に設立された。ハノイ，ホーチミン，ダナンの3大都市では，この種のセンターを設立して企業を支援することが求められたためである。ダナンでは現在，約1万9,000社の企業が事業活動を行っていて，これら企業の大半が中小企業である。

同センターの主な業務の1つは，企業登録，設立後の管理，廃業などの一連の手続きに関するワンストップサービスである。この目的のために，2人の専門家が割り当てられている。以前は企業がいくつかの窓口に出向いて手続きをしなければならなかったので，専門家たちも企業にとってより効率的になっているはずと自負している。ただし，手続き全体としては複雑であり，人材も不足しているため，1日8時間の窓口サービスは非常に忙しくなっている。毎年600～700社が有料サービスを利用しているだけでなく，約1,000社が無料で情報を受け取っている。外資系企業までは対応しきれないため，外国人による登録については，企業登記専門の部署に直接行く必要がある。

活動のもう1つの柱は，以下に述べるような関連機関と協力して実施している職業訓練である。この2つの柱のほかに，企業と政府間の対話や情報共有の促進も活動に含まれている。さらに，企業経営に関するアドバイザリー業務，ハイテク産業の海外直接投資と現地企業との協力促進，中小企業経営者の組織「スタートアップクラブ」の運営と支援も事業対象としている。

中小企業を対象としていることもあり，中小企業経営者（CEO）向けの研修プログラムに力を入れている。新たに設立された企業のリストからCEOを募集して，経営管理，財務，マーケティングといった基本的な経営知識などの研修を実施している。財務省の方針を受けて授業料の50％が企業によって支払われ，残りは政府から補助を受けることができる。さらにより小規模な企業のCEOについては，ビジネス法，税制，企業の社会的責任に関する研究を無料で提供している。研修生は，数年後にフォローアップ研修を受けることが条件になっている。

既に経営経験を積んだCEO向け研修も実施している。この場合，研修内容がより高度かつ費用も高く，その結果としてターゲットが比較的大企業になるため，政府は授業料総額2,500～3,000万ドンのうち35％の補助にとどめている。負担が重いにも関わらず，多くのCEOがこのコースに参加している。外資系企業を含めダナン市内で事業活動を行っているCEO全員が対象となる。外資のCEO場合，政府からの補助は20％であり，残りはCEOが自己負担しているという。現地資本企業の場合は通常，企業から支給されている。座学以外に「outdoor lesson」と呼ばれる実践的な研修も行っていて，参加企業がそれぞれの問題を出し合い共同で解決策を探ったり，省庁をはじめとする政府機関との対話の機会も設けられるためである。通常，コースの定員は50人であるが，常に定員以上の応募者が集まる。同センターは市人民委員会から自己資本を蓄積することが認められているが，一方で予算は減っていて財源に限りがあるため，自力で研修の規模を拡大することは困難である。したがって，現地資本や外国資本の企業，市からの資金提供を得ることによって，規模拡大を進められないかと考えている。外国政府，国際機関などとの共同プロジェクトも積極的に検討していきたいという。特に日本人の人材育成の専門家による指導を熱望している。

2. 中小企業支援開発センター（Assistance and Development Center for SMEs: SME-DATADC）

ATADC SMEは，ダナン市人民委員会傘下のIndustrial Associationによって2006年に設立された。名前の通り，中小企業の支援を目的としていて，零

細企業（micro enterprises）も対象に含められる。会員企業は 550 社に上り，このうち 25 社がセンターの組織運営に関わる中核メンバーに任命されている。

センターのサービス利用は，非会員企業にも認められている。ただし，少なくともダナン市内で一部の事業が展開されている必要がある。また，納税，会社登録も完了していることが要件とされている。会員企業はサービスにアクセスする優先権を持っている。例えば，センターが資金調達の保証人になることにより，資金へのより良いアクセスを提供される。会費は年間 100 万ドンである。

同センターは傘下に 2 つの企業を持っている。1 つは The Assistance and Development Company Limited for SMEs で，もう 1 社は The Da Nang Small and Medium Industrial Investment Joint Stock Company である。

前者の主な事業は研修，経営コンサルティング，資金調達を含む事業投資プロジェクトのコンサルティング，イベントの企画実施の 4 つである。

まず研修については，起業を予定している 100 人を対象としたコースを実施した。ダナン市における起業家精神を促進するためのイニシアチブの第一歩だったと考えられている。センターでの研修自体は短期間だったが，研修生のうち起業の可能性が最も高いと思われる 10 人が選抜され，外部の研修機関によって追加的な支援を受けた。研修の成果は申し分なかったが，同センターは年間 6,000 万ドンの赤字に直面しているので，起業家向け研修を続けることはできなかった。今後は，他の組織がその役割を果たすことを望んでいる。

最近，CEO 養成コースを開始した。協会は市人民委員会の内部組織であるため，研修生は総費用の 50％の補助金を受けることができる。定員は 200 人で，1 コースあたりの授業料は 2,000〜3,000 万ドンである。理論的な内容が 70％，実践的内容が 30％のバランスでカリキュラムが組まれており，一般的には週末を使って 6〜8 日間のスケジュールで行うことが多い。1,000 社の研修ニーズ調査結果に基づきソフトスキルに重点が置かれているが，特にこの分野では他の研修機関が品質と信頼性を批判されていることの影響が懸念される。

前述のようにコンサルティング事業も行っているが，利益を上げることは目指していない。中小企業と銀行の架け橋としての役割を果たすことを旨としている。2015 年の市議会で，企業支援のために 400 億ドンの資金が設立された。

この基金を基にして，見返りの預金を求めずかつ低金利の条件の下で協会が選定した8社に対して，35億〜40億ドンのローンを実施した。基金は2016年に財務省に引き渡され，その時点から物的担保が必要になり，起業家支援の趣旨からすると後退と感じられる面もある。さらに，中小企業が借りられる小規模の土地を開発する機能も持っている。現在合わせて約72ヘクタールの土地を管理していて，300〜1,000平方メートルの単位，主に500平方メートルに分割して中小企業を誘致している。

ベトナムの主要都市には，研修やその他のサービスを提供する類似の業界団体がある。ダナン市の場合，フルタイムとパートタイム合わせて2人の従業員が働いている。彼らの賃金は政府ではなく協会の独自予算から支払われるため，雇用の安定性に欠ける状態にある。人民委員会の組織の一部でありながら，内部部門のような公式の組織ではないという点は制約と考えられている。

3. 中小企業振興センター（Small and Medium Enterprise Promotion Center：SMEPC）

中小企業振興センター（SMEPC）は，1994年に設立されたベトナム商工会議所（VCCI）の一部門である。VCCI全体としては，コンサルティング，法律，政策，貿易促進，研修，情報提供といった多岐にわたる側面から企業を支援することを目的としている。地方別の商工会議所など60の団体会員と2万社の企業会員で構成されている。

SMEPCの主な活動としては，政策立案のためのデータ収集，中小企業に関連するプロジェクトの設計と調整，情報提供などが挙げられるが，ここでは研修プログラムについて詳しく述べたい。

研修プログラムは，外国のパートナーとの協力事業とベトナム政府のプロジェクトの2つに分かれる。まず外国のパートナーと協力については，ソフトスキル，求職のためのスキル，デジタルマーケティング，コンピュータ科学，マイクロソフトの協力によるビジネスのためのマイクロツールセットといった研修を行ってきた。現在，Facebookを用いた製品の開発・販売方法に関する研修も実施している。パートナーとしては，JICA，JETRO，世界銀行，デンマークのDANIDAなどとの協力実績がある。政府プロジェクトとしては，農

業バリューチェーンの開発に向けた支援が挙げられる。中小企業の経営管理，リーダーシップ，時間管理，人的資源管理，事業計画，ブランディングなどに加えて，APEC関連のスタートアップ支援研修も手掛けている。中小企業の将来のニーズを現在のビジネスオペレーションや生産チェーンと結びつけるための短期研修コースも用意されている。「学習者中心の教授法」を採用することで，多数の研修生を集めることに成功してきた。

見本市への参加，フィールドトリップ，工場訪問といったより実践的な学習機会の提供も行っている。完了したプロジェクトの中で特筆すべきものとして，国連工業開発機関（UNIDO）の支援がある。プロジェクトオフィスとして，VCCI内にベトナムの下請けパートナーシップ交換（SPX）センターを設立し，中小企業支援ツールを使用して企業を支援した。ただ，UNIDOからは1年間の財政的支援しか得られなかった。企業が情報の価値を十分に評価していないため，情報提供サービスの訴求力を高められなかったこともあり，支援終了後に事業としての持続性が確保できなかった。

SMEPCだけで年間100回のコースを受講し，各コースでは少なくとも30人の研修生，平均で40～50人の研修生を受け入れている。年間20回参加している国内見本市には80～200人が参加しており，毎年10回程度の国際見本市には合わせておよそ300人が参加している。研修コースは，政府の規制と予算に従わなければならないため，企業の直接的なニーズに基づくものよりむしろ，一般的な知識に焦点を絞っている。2～3日間のコースあたり約50万～100万ドンの授業料がかかるが，外国パートナーとの協力事業の場合は通常20％，ベトナム政府プロジェクトの場合は50％が参加企業などの自己負担となる。

企業関係者だけでなく，研修講師や地方自治体の管理者向けの研修も行っている。企業はマーケティング，管理，運営などのテーマに興味があるのに対して，政府関係者についてはリーダーシップに加えて政策立案と実施に関連する課題もカバーしている。企業向け研修の講師は，実務経験が豊富で学歴も修士レベルが求められる。研修生も学ぶための準備ができており，講師と積極的に議論している場面がよく見られる。一方，自治体職員向け研修の講師は博士号を持った准教授以上の大学教員だが，研修生はコース中に座って話を聞くだけ

でいいという姿勢の場合が多いという。

4. ハノイ工業大学（Ha Noi University of Industry: HaUI）

ハノイ工業大学（HaUI）は工業技術省傘下の国立大学で，エンジニアリングと経済の分野における人材育成に長い伝統がある。Ha Noi Vocational School（1898年設立）と Hai Phong Vocational School（1913年設立）の合併によって正式に設立された HaUI は，これまでベトナムの技術職業訓練における重要な学校の1つと考えられてきた。1,800人の教職員と4万人の学生を擁し，ハノイ市内と近郊に3ヵ所のキャンパスを持っている。

HaUI は，JICA プロジェクトの実施でも知られている。2000年以来プロジェクトが続けられ，成功事例の1つとして評価されてきた。

成果の1つと言えるのが，ベトナムの大学として初めて開設した企業パートナーシップセンターである。主な活動は，学生の実践的な学びを支援し，企業との関係を構築し，卒業生の就職支援を行うことである。日系企業100社を含む2,000社以上の企業と提携している。工場見学，インターンシップ，双方向研修，技術移転などの具体的な協力モデルを以下に示す。企業は HaUI を訪れ，3年生のビジネススキルを養成し，卒業後に従業員を募集する。卒業生は英語や日本語と専門関連のスキルを学び，日本に仕事を探しに行くこともできる。毎年4月にジョブフェアが開催され，40～50社が参加する。うち70％は外資系企業である。学生側の参加者は5,000～7,000人程度で，求人も2,000～3,000人分に上る。通常，最初の募集で採用に至る学生も500～1,000人に達している。ソフトスキルとキャリア開発に関するセミナーやワークショップを毎年30回開催する。企業のニーズに合わせながら，日本のモデルを適用する形の研修も，JICA プロジェクトの一環として3～10日ほどの短期間実施する。現地資本企業や韓国・台湾系企業も参加することができる。職業能力評価を行う全国職業訓練センターも設置された。日本職業能力開発協会（JAVADA）から9人の専門家を招き，研修機関の教員や起業の従業員を評価するための支援を受けている。

JICA プロジェクトのこれまでの歴史は3つの段階に分かれる。最初のプロジェクトの後，第2段階の2005年には，恒久的な取り組みの拠点としてのベ

トナム日本センター（VJC）が設立された。2010年から2012年の第3次プロジェクトでは，前述の企業パートナーシップセンターが開設された。トレーナー向け研修も実施した。今後の第4段階では，インフラと設備の支援を行うことを計画している。

これまで活動が比較的円滑に実施されてきた背景には，現地カウンターパートで中核を担う教員のコミットメントとMOUの厳格な遵守，教職員の学習支援，必要な施設の提供などがあった。教職員はプロジェクト活動に対して非常に積極的と自負している。2018年3月までは研修講師向け研修（TOT）コースの実施に専念している。このコースは職業訓練校などの講師が研修を受けることを通じてこれら組織の支援をすることを目的としており，各専門分野に合わせて10コースが用意されている。さらに2019年には，VJCをベトナム日本人大学として独立した形で再編する予定である。

5. ベトナム日本人材協力センター・ハノイ（Vietnam - Japan institute for Human Resources Development: VJCC Ha Noi）

ハノイ市とホーチミン市で2002年に設立された当初から10年間は，JICAプロジェクトとしてODAから経費の100％を支援されていた。現在は25％がODAからの支援で後述の経営塾をはじめとするビジネス人材育成事業に充てられている。残りは自主財源で運営されている。プロジェクトの第2段階として2016年から2021年にかけては，ベトナムの中小企業の人材育成を目的としている。外国貿易大学（Foreign Trade University: FTU）がホスト機関となっている。

2017年には学位を出す教育機関となるため，大統領の決定によりVJCCインスティチュートとして再編成され，日本的経営ベースの国際ビジネス学科を設立した。コースはFTUから委託されているため，FTUの入学試験に合格する必要がある。JICA専門家や立教大学，京都大学，関東学院大学の教員が，日本の経営方針に基づいた11科目（各2〜3単位）を英語で教えている。JICA専門家の講師は，経営者としての職務をはじめとする長年の豊富な経験をもとにした講義で強い説得力がある。ビジネスプランニングやベトナムの日系企業との交流もカリキュラムに含まれる。日本企業からの求人に見合う

人材，とくに日本の本社で採用されるような人材を育成することを目標としている学生は日本語と英語の両方を学ぶ。日本語の場合は日本語検定3級，英語の場合はIELTSスコア6.5が卒業要件とされる。2017年の入学試験には72人が合格した。合格者の中で最も低いスコアでも，全国共通試験の30ポイントのうち27ポイントと非常に優秀だったと評価される。2人の応募者は30点満点だった。

同学科では，ベトナム語のコースもFTUとのダブルディグリープログラムとして整備した。講師の半数はベトナム人で，残りの半数は外国人講師である。専門科目については100％英語で教えられる。

これまでの実績として特筆されるのが，10ヵ月間をかけてトップマネジメントについて学ぶ経営塾である。経営哲学や経営戦略，企画など経営に必要な知識やスキルの習得を目的としていて，現地資本中小企業の現在および将来のCEOを対象にしている。日越交流40周年の際には，日本企業のベトナム人経営者を特別なケースとして受け入れたが，通常はベトナム企業に対象を限っている。他の一般的な短期コースでは，日系企業からの参加が20～30％に上るのとは異なっている。パナソニックの「モノづくり大学校」のカリキュラムを応用した内容で，改善活動や5Sも含まれている。2017年8月の時点で10期生を募集していた。初年度は1学期のみ採用されたが，2017年には，ハノイで2コース，ハイフォンとホーチミンでそれぞれ1コースずつ実施した。定員も当初は1コースあたり最大25人だったが，応募者の増加に対応するため30人に拡大した。日本の経営管理や製造業を勉強したいという強い意欲を持っている裾野産業に属する企業が多くなっているためである。日本人専門家，VJCC所長，副所長が応募者全員にインタビューを行い，経営理念が堅実であるかどうか，日本の経営手法に適応可能かどうかを判断する。

30年以上の経験を持つパナソニックOBの講師が講義を担当する。理論に基づく部分は30％で，残りは実践的な内容に基づいている。グループディスカッションでは，参加者の企業の実際の問題について話し合う。また，多くの実践用のA0版シートが用意してあり，SWOT分析など目的別のシートに，各企業が直面する問題と解決に向けた検討過程を記入することで効果的に学ぶことができる。ベトナム人の経営者の多くはエンジニア出身で経営をあまり理

解しておらず，ガイドラインがないと感じている。家族経営の場合でも従業員数が 300 人を超える企業があり，規模の拡大によって，戦略の策定と実行が必要となるため，このようなコースが求められている。中身の濃いコースであることを反映してか，修了式の盛り上がりには素晴らしいものがあるという。

経営塾の授業料は，2 週間の日本での研修を含めて，合計 3,200US ドルである。MBA とはまったく異なり，すぐに適用できる知識を習得することができる。日本人専門家は大学で教鞭をとった経験がないため学位を出すことはできないが，受講生は必ずしも学位を必要とはしていない。

2014 年 12 月には経営塾修了生が「マネジメントクラブ」を創設し，VJCC の支援を得て活動している。自主的な活動としてセミナーや企業訪問（ネットワーキング活動）を行っている。279 人のメンバーのうち政府職員 4 人と FTU 教員 50 人を除くと全て企業役員または役員候補である。土曜の午前中，フォローアップセミナーを開催していて，クラブが専門家を招待して話を聞いたり，元研修生の企業の現場を見てもらってアドバイスを受けるといった活動を行っている。多いときには 100 人程度の会員が集まり，少なくとも 30 人は出席している。

日本語教育は，2010 年から 100％自主財源で運営されている。2002 年から日本語検定 1 級と 2 級のコースを提供している。FTU が外国語教育でハノイでは最も有名な組織であるため，夜間コースで多くの社会人受講生が学んでいる。さらに，ベトナムと日本の間のビジネス及び教育交流を促進することも，活動目的の 1 つである。日本企業の募集や人材育成のために，ジョブフェア，交流会，ビジネスマッチングが行われている。2009 年に VJCC がジョブフェアを始めた当時は，この種の活動のパイオニアであった。現在は，民間企業や大学も同様のイベントを開催している。1 つの懸念は，日本企業が学生に人気がないことで，日本企業は就職先の人気ランキング上位 10 社に 1 社も入っていない。

VJCC の大学，社会，企業の三角形をつなぐための支援はベトナム国内や日本との関係にとどまらず，他国との交流も進めている。例えばミャンマーの「日本センター（ミャンマー日本人材開発センター）」からは，建設・貿易関連の企業 8 社が来訪し，経営塾修了生や現在の研修生とビジネスアイデアを交換

するといった実績を積んでいる。

6. ダナン職業訓練カレッジ (Danang Vocational Training College: DanaVTC)

ダナン職業訓練カレッジは，1976年設立のダナン・スクール・オブ・テクニカル・アンド・エコノミクス（Da Nang School of Technic and Economics）が，2007年にカレッジに格上げされる形で誕生した。

主な活動としては，大学，中級，初級レベルでの職業訓練，生産／ビジネス／サービス組織で働く労働者の資格とスキルの育成と向上，ハイテクをはじめとする関連分野の国内教育機関との連携，職業訓練校教員の教育スキル向上，科学技術の応用研究，法律の規定に従った生産／ビジネス／サービスの組織化，卒業生のため職務指導が挙げられる。

14学部で合計4,000人の学生のうち，70％が職業学士レベルのコース（高卒後3年教育）に所属している。残りの30％はより低いレベル（中卒後3，6，9ヵ月～高卒後1年教育）である。教職員合計242人のうち187人が教員で，うち92％は修士号を持ち，博士号取得者は2人にとどまる。

DanaVTCは国家人民委員会の下にある公立カレッジであり，国際的な基準を満たす質の高い機関になることを目的として郊外の新キャンパス建設のための投資を検討している。2025年までに国際的かつ学際的な技術カレッジとして，ハイテク，IT，観光という3つの領域に重点を置いた展開を目指している。

公立の教育機関であるため，1学期（年2学期制）の授業料は290～430万ドンに抑えられている。ダナン市出身の学生は1学期につき50万ドンの割引がある。学生の35％が元々ダナン居住者であり，残りは多くが中央部の省出身者が占める。中学卒業直後の学生の授業料は，無料に設定されている。2020年までには完全に独立採算に移行する必要があるため，毎年授業料を10％引き上げることを計画している。この増加後でさえ私立学校よりも学生の負担は少ない。

5年前には会計コースに学生の50％以上が集中していた。しかし現在では大きく変わり，自動車技術と観光関連のコースがそれぞれ学生数の35％程度を

占めている。全体では24の分野，そのうち17コースで学士（高卒後3年教育），9コースで中級レベル（中卒後3年または高卒後1年）の教育を行っている。カリキュラムの70％は実践的な内容であり，30％は理論に基づいている。

学士コースの場合，3回のインターンシップを履修することが求められる。まず，1年目と2年目にそれぞれ約2週間，企業で就業し2単位ずつを取得することができる。3年目には，少なくとも3～3.5ヵ月のインターンシップで，5単位の取得が必要となる。必修の卒業プロジェクトも，通常はインターンとしての仕事やそこで学んだ知識に関連する内容に基づいてまとめる。一部の学生は，インターンシップ期間内に日または月単位で給与を支払われている。経理や経営管理など企業からの引き合いが少ない分野については，DanaVTCとしてインターン受入企業を探す必要がある。

売り手市場を反映して，学士号取得者の87％は就職することができた。2017年6月に開催された卒業が近い学生のための最後の就職イベントでは，150社に合わせて1,500人の卒業生が採用された。多くはダナンおよびその周辺地域で働くことになる。また，DanaVTCは市内中心部にあり多くのハイテクパークに近いため，学生は在学中にこうした企業でアルバイトをしている。結果として，卒業後に良い仕事に就くための経験を蓄積することができている。

卒業生の給与は概ね350万～700万ドンの範囲に収まる。溶接工の場合は比較的範囲が広く350万～700万ドンであるのに対して，観光業界は450万～500万ドンと格差が小さい。ハノイの相場と比べると低いが，ダナンの生活費を考慮すると十分な水準といえる。

Food School（農業農村開発省），Commercial College（商業省），College No. 5（国防省）など，DanaVTCと専門分野の重なる技術カレッジは多く，いずれも国立であるため授業料も安価である。これらのカレッジは，DanaVTCのような地域限定色がなく，狭い専門分野に集中して学生をより広い地域から集める傾向がある。DanaVTCの戦略としては，特に技術分野で複数の専攻科目を同時に学べることを長所としてアピールしている。

外国からの協力はあるが，必ずしもうまくいっていない。オーストラリア政

府の支援で，TAFE（技術カレッジレベル）から IT およびビジネス管理コースの提供を受けた。ただし，授業料は学期ごとに 2,400 ドルと高価であるため応募者は1名もなく，講師向けの研修だけが実施された。中国の広西チワン族自治区の大学から学期当たりの授業料 1,200 万ドンのプログラムに関する協力もあったが，2016 年の中国の国境侵攻によって停止したままである。現在最も期待しているのが，日本の美容専門学校との協力で，2017 年 10 月までに講師を養成し，2018 年 7 月か 8 月に 1 クラス（30～35 人／クラス）の学生への教育を開始する。削減の対象となる会計分野の教員は，美容関連の科目を学び，新しい専門分野に異動することが求められていて，それが難しければ離職せざるを得ない状況である。

　企業や卒業生とのネットワーク構築にも力を入れている。エンタープライズクラブと同窓会という形で組織化も進んでいる。これらの組織は，新しい教育研修プログラムの開発とインターン受入れに協力している。教員全員が年 4 週間の実務経験を必要としているが，このネットワークのおかげで実行することが可能になっている。一方で教員の博士課程への支援は，2018 年に廃止される予定である。より実践的な内容，例えば英語を学ぶのであれば大学から授業料分の補助を受けることができる。

7. Top Olympia School

　ダナン市に本部がある私立学校で，joint stock company として運営されている。2006 年の設立以来，着実に事業を拡大してきた。もともとホーチミン市の財務管理研究所の一部門としてスタートしたが，2012 年には独立した私立学校となった。現在でも，ホーチミン市の研究所と協力して建設などの専門分野に関する証明書を発行する必要があるが，基本的には独立した学校として運営されている。ベトナム中部のほぼすべての州に出先がある。

　トップマネジメントや中間管理者レベルの経営全般のコースに加え，人事管理（HRM），運営管理，コミュニケーションと交渉に関するソフトスキル，セキュリティと不動産の認証など，多様な分野で研修を提供している。この他，個々の企業のためのカスタマイズした研修も実施している。各企業固有の技術については対象外だが，幅広い範囲をカバーしていると言える。特に近年，英

語，マーケティング，HRM コースでのニーズが高まっている。これまでに延べ 200 種類余りのコースを実施してきた。毎年，CEO レベルのプログラムには 700 人から 800 人，中間管理者レベルでは 2,000 人の研修生が参加している。個々の企業向けの研修では，より多くの研修生がコースを受講している。

　研修の実施にあたっては，必要に応じて海外を含むパートナーから協力を得ている。例えば，「効果的なコミュニケーション」コースでは，研修内容が優れていることから，カナダの組織から協力を受けることにした。一方，自力で十分質の高い内容を提供できる場合，例えばビジネス英語コースは同校が直接手配した講師が 100％担当している。期間は，CEO 経営管理コースの場合 3 ヵ月かけて平日に全体で 20 時間の講義を行う。その他の一般コースは週末に開講されており，1 日から 8 日間かかる。一方，個々の企業に合わせたコースは柔軟に編成されており，期間も 2～3 日から 4 ヵ月となっている。例えば，営業スキルの中では現在，携帯電話の販売に関する研修へのニーズが最も強い。具体的に同校では，通常約 15 日間かかる SIM カードの販売スキル研修を，効率を上げながら効果を損なわないよう内容を厳選することで 5 日間コースに再編することができ，好評を博しているという。ある企業では，想定よりも売れ過ぎて在庫が枯渇してしまったほどだったという話もある。

　さらに個々の企業向けコースでは，より細かく研修ニーズを分析する。分析を通じて，対象企業の最も弱い部分を明らかにしていく。例えば QC 7 つ道具に関する研修では，講師が 3 日間かけて研修ニーズを分析した後，研修対象を 7 つのうち 1 つのツールのみに絞り込む。これに加えて，より一般的なニーズを分析し，ゲームを使ったチームスキルの形成や社内トレーナーの育成など優先順位を明確にしたうえで，それに従って研修を実施する企業もある。

　研修生の多くは，民間企業だけでなく公的セクターからも参加している。計画投資省の公式な訓練パートナーとして，地方自治体職員の研修も担当している。日系，韓国系，タイ系など外資系企業の利用も少なくない。

　原則として外部の講師が講義を担当している。戦略的な判断としては，フルタイムの講師を雇うよりも，十分なレベルの講師を適時手配するという目標達成のためには効果的であるということであった。将来もフルタイムの講師を雇うことはない。多くは大学の教員であるが，経営者や企業の従業員が講師を務

めるコースもある。実績やニーズを勘案して，講師の20％が毎年交代している。外部講師の専門性などの情報を戦略的に管理するためのデータベースを構築し，コースの再編成や学術的・実践的な観点から新規講師の募集など経営判断に利用している。

　授業料のほとんどは企業によって支払われる。公立の学校や研修機関よりも高価であるが，訓練の質には自信があるという。最高経営責任者（CEO）向けのコースは600ドルで，ハノイでなら同レベルのコースの受講料は1,000ドル程度なので，十分安価に設定できている。ミドルマネジメントの場合は4～8日で300ドルである。ソフトスキル関連の場合は1～2日で150ドルだが，現在はプロモーションのために100ドルに設定されている。講師の日給は，有能な講師を募集するために講義1回当たり最高300ドルまで支払うことがある。公立学校の場合は100ドル程度が上限なので，非常に高い水準になっている。政府からの補助金もないので，結果として受講料を高くせざるを得ない面がある。

　現代の経営問題に関する情報提供も，多数の人々の参加を前提としたセミナーの形で実施されている。2016年には，TPPに関するセミナーを開催した。ダナンでは500人以上の出席者があり，中部各州でも実施した際の出席者総数では4,000人に達した。しかし，米国のTPP離脱の影響は大きく関心も急激にしぼんでしまったため，2017年には関連のセミナーが全く行われなかった。代わりに，リスクと危機管理に関するセミナーやコースが増えている。

　コースに参加したおよそ5,000人が「起業家クラブ」を組織し，ネットワーキングやビジネス開発に利用している。リピーターが多いことからも顧客ロイヤリティが高いことがうかがえる。その背景には，インストラクターの質，コースの多様性に基づく評判，省庁からの支援などの優位性があると自己分析している。他方で，多くの小規模研修プロバイダーが非常に低価格で質の低い研修を提供することで，研修に関する一般的なマイナスの印象が広がったことの悪影響も被っているという。このため政府に対しては，高品質のプロバイダーのための支援策実施を望んでいる。

第3節　企業の事例

1. CNC 工作機械製造 A 社

　2013年に設立された A 社は，コンピュータ数値制御（CNC）工作機械および関連部品およびその他の電気機械部品を製造している。また，生産ライン用の治具製造，改善に関するコンサルティングも行っている。

　製品売り上げの75％が CNC 工作機械で占められている。付加価値の30％は輸入部品・機器からのものであり，モーターなどの一部部品も仲介業者を通じて輸入する。残りは A 社による内製部品である。製造設備は全て日本から輸入されたものである。1ヵ月に3台生産することができる。売り上げの残り25％は，近隣の裾野産業企業向けに製造している生産ラインの治具から得ている。これらに加えて，生産ラインに関わるコンサルタント業務を通じて，継続的改善のためのアドバイスも行っている。

　主な顧客はベトナム国内の機械加工企業である。例えば，建設省傘下の国営ゼネコン Lilama 社も顧客となっている。出荷時には，製品は部品に分解した形でトラック輸送され，作業現場で組み立てられる。

　輸入品の CNC 工作機械と比較して安い製品価格の優位は大きい。例えば，日本から輸入された製品は1台10億ドンで販売されている。これに対して A 社製品は，品質面で日本製の50-60％というレベルだが，販売価格は2億ドンと非常に安価な水準に設定できている。

　現在，A 社は自社製品を顧客に直接販売している。販売の手段として，ウェブサイトが重要な方法となっている。展示会や見本市のような他の販売ルートは利用していない。

　将来的な事業拡大にも意欲を示しているが，そのためには人材が主な制約となるため，人材の質を高めることを特に重視している。従業員数は，設立当時の2人から18人に増加した。そのうち5人はエンジニアであり，他にエンジニアリングの背景を持つ2人の営業担当者がいる。彼らはすべてテクニカルカレッジ以上の学歴があり，3人は大卒である。高いスキルと経験の長い作業者

も1人いる。スタッフの平均賃金は450万～500万ドンと決して低い水準ではないが，良い人材を見つけるのは難しい。主にベトナムワークなどの求人ウェブサイトを利用したり，または従業員や経営者の友人の紹介に頼っている。経営者の考えではDanaVTCでも学生の質は十分でないため，現在はテクニカルカレッジを求人対象に含んでいない。

　人材の質を高めるもう1つの手段は現在の従業員の知識・スキルを向上させることだが，外部の教育研修機関を利用したoff-JTは行っていない。OJTについては，新入社員向けに報連相やカイゼンなどを約1ヵ月かけて実施している。OJTのトレーナーは，経営者を含む2人の営業担当者が携わっている。トレーナー自身の能力向上はインターネット上の情報から学ぶ方法で進めている。具体的にはチームワーク，問題解決，品質管理などのソフトスキルと管理分野に限っている。現時点のCNC工作機械向けの部品は必ずしも高精度ではないため，外部の専門家などから技術的スキルを学ぶ必要はないと感じている。

　経営者自身は2009年にダナンポリテクニック大学（工学部5年コース）を卒業し，同年ビンズン省の日系電子部品メーカーに入社，改善部門で勤務していた。彼の両親は企業経営の経験はなく，家族の中で初めての起業だった。高校時代からビジネスを始める意欲を持っていたが，特定の産業や技術については特に注意を払っていなかった。大学の同級生の中でビジネスを始めた例は他にないので，起業は一般的なことではない。技術にこだわりを持って熱心に取り組んでいて，社会にも貢献したいという考えが強かったので，ビジネスを始めることにも強い意欲を持っていた。

　今後の事業展開に関しては，ベトナムのパートナーよりも効果的であるため，日本やスペインの外国人パートナーと協力したいと考えている。これまでのところ自社の能力が不十分であり，FDIからの支援を受ける水準に達していないと感じている。担保が不十分であるため，銀行から融資を受けることもできないし，工業省からの融資獲得も難しい。このため，証券化が彼らの計画にとって良い方法になり得ると考えている。

　現在は工業団地外に立地しているが，可能であれば工業団地内で1,000～2,000平方メートルの土地を借りて，生産を安定化させたいとしている。ただ

し現在，工業団地の区画は最小でも5,000平方メートル以上で，一度に5年または10年分の賃料を支払う必要があるため現実的ではない。

2. 重量測定システム製造施工B社

B社の主な事業は，工場や物流施設などの鉄骨構造の建設に伴う計測器の製造と輸入販売である。大規模なものとしては，工場や物流施設などの施設内でトラックの過積載をチェックするための測定システムを構築している。小規模なものでは，実験室での測定に対応する機器も販売している。また，工場での自動組立プロセス，コンクリートミキサーの制御，関連アクセサリーの輸入販売なども行っている。顧客は製造業，建設業，サービス業など幅広い業種に広がっている。現在，従業員は14人で，経営者を含む5人は，電気機械専門の5年制大学を卒業したエンジニアである。この他にも，経済学部卒の営業担当者2人，会計士2人，管理者と運転手2人が従業員として働いている。

年間売上高150億ドンの90％は，大規模工場などの鉄骨構造（トラック用のスケールや鉄骨構造を含む）である。大規模な構造は，機器の品質に応じて300万～4億ドン程度と価格が大きく異なる。これまで最大のプロジェクトは，高速道路の料金所4ヵ所を一括受注したケースで，合計30億ドンの事業だった。港湾や空港を含むこうしたインフラストラクチャー関連のプロジェクトの場合，元請けである建設会社に構造物を提供する形をとっている。

主な顧客は，建設会社，港湾，コンクリート用ステーション，鉄鋼プラントや農水産物加工企業をはじめとする工場である。外資系企業を含め顧客は全国に広がっている。特に外資系企業は，価格が高くても品質を重視しているため，品質重視の同社としては取引が容易である。例えば，補修部品の輸入が必要な場合，中国製品であれば20～30％安くなるが，外資系企業からは日本製品の利用が求められる。

競合企業はほとんどが現地資本の中小企業であるが，大企業も10社以上ある。同社のブランドは同業他社と比べるとかなり古く，経験豊富なエンジニアが努力を続けていて技術的能力にも自信がある。しかし現在，特に営業担当者の人材が不足しているとことが大きな困難となっている。

設立時には2人から始まり，会社や製品としてのブランドもなかった。そも

そも主力製品の「過負荷確認システム」は市場に普及していたとはいえず，そ れも大きな制約だったともいえた。このため，有能な人材，特に営業・マーケ ティングの専門家としての役割を果たす人材を確保することは困難だった。顧 客への訪問は不可欠なので，商品を販売するために出張を繰り返すこと以外に 選択肢はない。しかし，入社したばかりの営業担当者が旅行に慣れることがで きず結局退職したこともあった。エンジニアの方が比較的採用や処遇は問題が 少なく，設立時から方針は変わっていない。具体的に毎月の給与は700〜800 万ドンで，2ヵ月の試用期間中には80％支払っている。

　すべての社員教育は社内で実施されている。技術的知識に関しては，特に追 加的な学習の必要性を感じていない。実践的なスキルやノウハウは十分でない が，経営者は自ら指導役を買って出ている。営業担当者にも技術的な知識が必 要だが，大学で専門的に学んできたわけではないので，入社時にすぐに必要な 作業を行うことはできない。したがって，経営者が1〜3ヵ月という比較的長 期間の教育を行っている。一方で，マーケティング関連の知識とスキルは OJTによって習得させている。

　経営者自身が技術的な側面について疑問を抱いているときには，大学での指 導教員に質問している。例えば，複数のデバイスのプログラミングをスムーズ に統合する方法について相談したことがある。経営管理面で外部機関による研 修を利用したいという考えはあるが，これまでのところ実行には移っていな い。SIDECの会員企業には，Top Olympia Schoolが委託実施しているCEO 向けコースの広告メールは届いているはずで，B社も会員であるが，十分に内 容を把握していなかった。授業料負担が50％で済むことについても認識して いなかった。経営者は2006年に大学を卒業し，約20名の従業員を抱えるダ ナンの機器メーカーに就職し，エンジニアリング部門のマネージャーとして4 年間働いていた。彼の両親は農民であり家族に起業家はいなかったが，機器 メーカーで働いている間にビジネスのアイデアが浮かんできた。有望な市場で あると同時に，自らの能力にも自信を持って事業に参入した。人のために働く ことと自分自身のために働くことができるのとはまったく異なっていると感じ ている。

　政府に対しては，工業団地1区画あたりの面積を減らすことを強く求めた

い。5,000平方メートル未満の土地を利用することができないことは，事業展開上の大きな制約になっている。現状では，1,000平方メートルもあれば十分である。

3. 紙幣計数識別機販売C社

C社は1997年に中国資本100％の企業として設立され，親会社が中国の瀋陽で製造している紙幣計数機と識別機を輸入販売している。1996年までは別法人としてハイフォンに工場，ダナン，ハノイ，ホーチミンに3つの支店を持ち，全国に製品を販売していた。ただ，利益を得るために生産規模を拡大するには市場規模が小さすぎると見込まれたため，製造拠点を閉鎖した。国内生産から輸入へ変更してもコスト面では通常の輸入関税が加わるのみだったので，ベトナムから生産を撤退し輸入販売に特化するという判断は合理的であった。親会社の瀋陽の工場では，300人の従業員が働いていて，中国国内やベトナムを含む輸出向けに生産している。C社は親会社と同じブランドを示すことで，ベトナムでの公式の代理店としての役割を果たしている。

ベトナム現地法人のCEOは，中国の親会社の経営者の妻である。もともと彼女がベトナム法人で働いていたが，現在の夫が社長として赴任してきて知り合うことになった。工場を閉鎖することになり夫は中国に帰った。一緒に中国に行くオプションもあったが，そこで彼女はベトナム市場でのビジネスを続けたいと考えるようになった。最終的に彼女は夫の同意を得たうえでベトナムに留まり，輸入販売とアフターサービスに特化した新しい現地法人のCEOになった。2001年には彼女の故郷ダナンに拠点を移した。それを機にベトナムでの販売も増加したため，現時点でベトナムにとどまるという判断が成功だったと認識している。

主な顧客は銀行である。同社の製品は同じタイプの紙幣を数えるだけでなく，種類別に分類し，破損した紙幣を取り除き，偽造品を特定することができる。すべての製品はベトナムドンだけでなく，合計26種の外貨を扱える。親会社からの輸入品の販売だけでなく，新しい紙幣が発行された場合など必要に応じてソフトウェアの更新も行っている。親会社の社内でソフトウェアを開発しているため，このような対応が可能になっている。

ダナンに移ってよかったことの1つは，ハイフォンでの経験と比べると電子通関のプロセスが効率的と感じられることである。到着の1日前に書類を準備提出する場合は，手続きを半日で完了することができる。今ではハイフォンでも改善されているのかもしれないが，特にどんな書類が必要か事前に理解するのが難しいことが大きな問題だった。通関後の国内配送は，物流会社と契約してトラックなどを使用して行われている。

　同社では現在，約110人の従業員が働いていて，うち60人がテクニシャンである。ダナンの本社に45人，ホーチミンに30人，ハノイに20人をはじめ全国でサービスが提供できる体制を整備している。

　従業員の20％が大卒で，彼らは管理職や会計責任者の業務を担っている。他の従業員はテクニカルカレッジを卒業している。テクニシャンの半数は，中国の親会社で新しい製品やソフトウェアに関する2～3週間の研修を受けている。2016年には新規導入が多かったという事情もあり，10人のテクニシャンが中国に派遣された。1年または2年ごとに，中国人技術者がベトナムまで来て研修を行っている。ソフトウェアは特定のハードウェアに関連しているため，外部の研修機関や大学で学ぶことは困難であり，自前で研修の体制を整えることが不可欠となっている。大学の経済学部を卒業した営業担当者は，Top Olympia School が提供するコースで営業関連のスキルを学んだ。経営者自身も Top Olympia School の提供する CEO のコースに参加し，必要な知識を習得するのに役立てることができたという。同社グループの連結売上の80％以上が中国の国内市場に依存している。ベトナムは約10％に過ぎないが，拡大の余地も限られている。親会社からインドへの輸出が始まったところである。現在のベトナム法人も，6～7年前にオーストラリア市場に挑戦したが，低収益性と競争力の欠如に直面して撤退せざるを得なかった。ほとんどのベトナム企業は国内市場に注力しているが，限界もあるため将来的には ASEAN 諸国の市場への進展が課題となるだろう。例えば，ラオスの市場は有望ではないか。顧客がラオスから車でダナンに来て同社を訪問し，言葉が十分に通じない中で特定の製品を指名買いするケースも出ているためである。

4. 栄養食品製造 D 社

2007年に設立され，2010年に joint stock company になった D 社は，栄養補助食品製造，輸入販売事業を行っている。もともとはダナンに隣接するクアンナム省でビジネスをしていたが，全国展開をより円滑に行うため比較的近い大都市であるダナンに拠点を移した。他社製品と自社ブランド製品の両方を含む60種類のサプリメントを販売している。月商はおよそ50億ドンで，このうち自社ブランドが30～40％を占める。

D 社グループは3社で構成されている。2社がブランド別にすみ分けする形で製造管理と販売を行っていて，残りの1社は研究開発に特化している。実際の生産は北部の工場に委託している。2018年には，委託先が新しい工場を建設し，自社ブランド製品の比率を高める計画である。ダナンの本社に加えて，ハノイ，ホーチミンなど国内4ヵ所にオフィスを構えている。

商品の配送には問題を抱えている。現在契約している物流業者は小規模で，サービス品質もよくない。小規模であることの影響で複数の業者に依頼する必要があることも，管理上追加的な負担になっている。結果として，販売数や在庫数の管理がうまく行かないという問題に直面している。何かしら物流業者のコミットメントを上げるための対策を講じることが急務となっている。

全ての品目のうち最大の売上高を誇っているのがブレインゴールドと呼ばれる製品で，30粒で5万8,000ドンと輸入品に比べると低価格に設定したことが大きな売り上げにつながっている。総売り上げの30％を占めるベストセラー商品となった。自社ブランド製品については，一部の原材料を中国から輸入してコスト削減を図っている。例えば，野菜，ハーブ，木材などが挙げられる。化学物質は一切使用していない。

インタビューに応じた D 社の COO は，3年前に COO に就任した。それまではホーチミンの地域マネージャーであった。修士修了後，同社に入社する前に，日本で機械関係のテクニシャンとして仕事をしていた経験がある。長く日本に住んでいる中で，スーパーマーケットでサプリメントを売っていたことに感心した。ベトナムに帰国後，彼はドラッグストアでのサプリメントの販売を開始した。

CEO と薬剤師の2人で研究開発を担当している。能力のある従業員が不足

しているため，活動はまだ確立されていない。本格的な研究開発には外部の資源を利用することが避けられないが，あくまで将来の課題と位置付けている。現時点では内部資源を活用することで将来の業務充実への基盤づくりに努めたいという。

ダナンにあるグループ3社の本社で働く従業員は30人で，グループ全体では合計150人に上る。今後も従業員数は引き続き増加すると見込まれるため，人材育成の必要性が高まってきている。これに伴って数年前から，エリアマネージャーを社外のトレーニングコースに送ることにした。前述の通りCOOがホーチミンのエリアマネージャーだった頃，同地の研修機関でCEOコースとHRMコースの両方に参加した。彼は，社内講師としてHRMコースを実施したいと考えている。これまでにも内部講師としての経験が豊富であり，セールスマネージャーと支店スタッフを対象に批判的思考，一般的な経営管理，および日々の業務の進め方について教えてきた。社内講師で十分に対応できるため，このレベルの従業員を外部トレーニングに派遣する必要はない。しかし，近い将来，ブランチマネージャークラス以上については外部での研修プログラムを利用する予定である。

競合相手は外国企業と地元企業の両方である。市場規模と同社グループの市場シェアをはっきりとは把握していないが，毎年売り上げが数％ずつ増えていて直近では600億ドンの年間売上高を達成しているため，事業拡大にも楽観的である。現在，製品の100％は国内市場向けである。市場全体が拡大していると感じているため，今のところ輸出市場への進出計画はない。主要な競合企業の中にはテレビ広告を打っているケースもあるが，予算の制約からドラッグストアでのポスター掲示などのプロモーションに重点を置いている。

5. ステンレス鋼管製造E社

E社は，ハノイ市の中心部から北西方向にあるプン工業団地に立地している。1993年にベトナムでステンレス鋼を製造する最初の会社として設立された企業グループの1工場で，主に建設産業向けのステンレス鋼管を製造している。グループの5つの工場すべてが同じ工業団地に立地して，2008年に現在の陣容になって以来，4万平方メートルの敷地で稼動している。グループと

しての総生産能力は年間7万トンで，100社以上の競合企業をしのぐベトナム最大のパイプ製造ラインを誇っている。ステンレス製品は2つの段階で生産される。第1段階は購入した鋼材を冷間圧延に始まり所定の長さに切断するまで，第2段階はパイプの形に成型後，研磨，梱包までの工程で，E社は第2段階を担当している。鋼管製品の形状は円，四角，矩形など様々で直径サイズは21.7～139.8ミリメートル，厚さ0.8～4.0ミリメートル。一般的には長さ6メートルに揃えて出荷される。顧客の要望もあり，全ての製品はJIS規格に適合している。

一部の顧客が好むローエンドの製品には力を入れていない。結果として安い中国製品と競合する低品質製品を生産しないことになった。主要都市だけでなく農村地域においても高品質な製品群のトップシェアを持っている。

60～70％の材料は韓国のポスコ製で，ベトナムの工場で中間加工済みのものを購入している。残りは中国から輸入している。販売先は国内市場と輸出市場の両方だが，近年，国内市場は十分に大きく拡大を続けているため，輸出に力を入れる必要性を感じていない。輸出比率は10％で，主な仕向地はブラジル，インド，台湾，米国，アルゼンチン，インドネシアである。過去4年で年間売上高は30％ずつ増加している。

グループ内の従業員総数は700人で，うち5つの工場には500人が所属している。E社は250人と最大の従業員を抱えている。生産に携わる従業員は主に高卒で，限られた数のエンジニアだけが5年間の工学学士号を持っている。

毎年10～20％賃上げが続いているにもかかわらず，経営陣の視点からは問題と認識されていない。経費構造の改善，具体的にはリーン生産方式の導入の結果，賃上げ分を吸収することができている。実際，労働生産性を向上させる努力により総経費の賃金比率は低下している。徹底的な成果賃金を実施していて，毎日の生産結果に応じて労働者に給与が支払われる。毎日の従業員別の成果が工場内の掲示板に掲載され，とりわけその月に最も優れた実績を上げた従業員の顔写真が貼り出されていることは印象的であった。

VJCCハノイの研修を積極的に利用している。これまでのところ，経営陣は経営塾，エンジニアだけでなく生産現場の監督者も5Sやその他の生産管理関連コースに参加してきた。VJCCの研修受講者が社内講師として全従業員へ知

識・スキルを移転することにも努めている。生産管理については，中国人専門家の指導も受けている。こうした全社的な学習の結果として経営にもよい影響が出ているという。例えば，在庫量は 1,000 トンから 120 トンへと劇的に減少した。ISO のツールシステムとより広範で一般的な経営管理についても学び，これらを実際の生産などに反映させていく計画である。

おわりに

　冒頭にも述べたように，産業全体の底上げを図るうえで産業人材育成は避けられない課題である。本章では，この課題への取り組みを実践している官民の産業人材育成関連機関の活動を紹介した。また，支援を活用してきた企業の事例についてもまとめた。
　全体的な印象としては，諸機関の取り組みが必ずしも戦略的に整合する形で実施されておらず，むしろ単発的な活動が多く，試行錯誤が続いていると感じられる。似通った取り組みが行われている傾向もみられる。民間の機関に限らず，公的機関の間でも健全な競争原理が適用されるのであれば，短期的に似通った取り組みが「乱立」することはむしろ歓迎すべきことかもしれない。ただし，諸機関だけでなく企業からの情報も含めて考察すると，必ずしも研修の成果と人材育成事業の継続・拡大がつながっていない面が見られる。短期的な需要に引っ張られるきらいがある点にも留意すべきであろう。
　産業人材育成への努力は，もとより研修関連機関だけが負うべきものでなく，企業が当事者として引き受けることが不可欠であることは言うまでもない。こうした観点からは，今回取り上げた現地資本企業の側にも，諸機関が提供する研修についての情報収集により積極的に取り組む余地があるといえそうだ。内需型の企業が対象だったことの影響もあってか，拡大する国内市場での事業で十分に利益が上がることから，技術面での組織能力向上には比較的力点が置かれていないと感じられた。ソフトスキルや生産管理といった汎用的な知識・スキルが重視されるのは，研修機関等の提供するプログラムも技術面が相対的に弱いことの影響も大きいが，技術的能力の向上についても長期的な課題

としての取り組みが求められる。

　印象的だったのは，動画を含むインターネットの情報を活用している企業が見られたことである。研究機関側もベトナム語のコンテンツ制作を含め，こうしたニーズに応えることを検討すべき段階に来ているのではないか。

　総じて言うと短期的な成果は研修機関でも企業でも十分に生じていると評価できるが，長期的な課題は残っている。日系企業をはじめとする外資系企業と現地企業が国際競争力のあるサプライチェーンを構築するためには，公的支援と民間の自助努力のいずれにおいても，質量両面のさらなる産業人材育成への取り組みが求められる。

（高橋与志）

引用文献

Nham Phong Tuan & Nguyen Thu Huong (2016), *Asian Supply Chain from Perspective of Human Resource Development ～ Vietnam ～ Mekon Supply Chain Study Country Report*. (ITI 調査研究シリーズ No.25) 国際貿易投資研究所。

Nham Phong Tuan & Nguyen Thu Huong (2017), *Mekon Supply Chain Study Country Report*. (ITI 調査研究シリーズ No.37) 国際貿易投資研究所。

この他，以下の各機関のウェブページを参考にした。

産業貿易省戦略産業研究所・裾野産業開発センター（SIDEC）: http://sidec.vn
ダナン企業支援センター（DNCSE）: http://tthtdn.danang.gov.vn
ダナン市政府 Danang Portal: http://danang.gov.vn/web/en
ダナン職業訓練カレッジ（DanaVTC）: http://danavtc.edu.vn/
Top Olympia School: http://top-olympia.edu.vn/
ベトナム機械工業会（Vietnam Association of Mechanical Industry）: http://www.vami.com.vn/
ベトナム商工会議所: http:// www.vcci.org.vn; www.vcci.com.vn; www.vcci.net.vn
ベトナム日本人材協力センター（VJCC）: http:// www.vjcc.org.vn
日越大学（VJU）: http:// vju.ac.vn/
ハノイ工業大学: http:// haui.edu.vn/en

第7章
ベトナム地場企業の国際化
―海外進出で新たな市場開拓を行うベトナム地場企業―

要約

　ベトナム地場企業の国際化について，ベトナムの対外直接投資の観点から，また実際に他国の市場へのどのように進出しているのか考察する。ベトナムの対外直接投資は，①2007年以降に件数・金額ともに急増していること，②ベトナム企業もラオスやカンボジアなどの途上国や新興国で，鉱業や農林水産業での進出が多いことが特徴である。ベトナム政府もベトナム企業の他国への直接投資に関して海外への「市場の開拓・発展・拡大」が重要であると考えている。特に，カンボジア，ラオス，ロシア，ラテンアメリカ，東欧，アフリカなどの旧社会主義国として関係があった国，また発展途上国，および新興国への投資を推進している。さらに，エネルギー・資源などの分野での海外への進出を奨励している。一方で，2005年投資法以降，ベトナム政府による法規制の緩和に加え，企業が独自の戦略により海外進出できるようになった。このことが，発展途上国・新興国だけでなく，欧米や日本へ進出する地場企業も出てきている。

はじめに

　経済が発展途上の段階で，外国からの投資を多く受けているベトナムにとって，地場企業の海外進出は多くなく，まだこれからである。一般的に，外国直接投資は，先進工業国と発展途上国・新興工業国の間では，先進工業国から途

上国への一方向となる傾向が強いといわれている[1]。また，先進国の企業は途上国の低廉な労働力や豊富な資源を確保するための直接投資となる。一方で，途上国や新興国には先進国への投資を行うような国際的企業は少なく，また競争の激しい先進国の経済に向けて投資・生産活動を行うことは困難であると見ている。

実際に，ベトナム企業もラオスやカンボジアなどの途上国や新興国，また鉱業や農林水産業での進出が多い。ベトナム政府は，ベトナム企業の他国への直接投資に関して「市場の開拓・発展・拡大」が重要と考えている。特に，カンボジア，ラオス，ロシア，ラテンアメリカ，東欧，アフリカなどの旧社会主義国として関係があった国，また発展途上国，および新興国への投資を推進している。さらに，エネルギー・資源などの分野での海外への進出を奨励している。

池部亮・小林恵介は，ベトナム企業の対外直接投資の特徴として，① 2007年のWTO加盟を境にベトナム国有企業を主体とする海外進出が加速したこと，② 投資先はラオスとカンボジアの隣接地域が最大の投資地域であることの2点を挙げている[2]。また，ベトナム企業のカンボジア・ラオスへの投資は，市場獲得と資源開発を進めることが目的であると分析している。

上記の理由に加えて，① ベトナムの対外直接投資に関して国有企業を中心として資本金の規制が緩和されたこと，② ベトナム地場企業が自主的に海外進出を決定できる権利が認められたこともある。さらに，最近ではベトナム地場企業が上記の発展途上国や新興国だけでなく，欧米や日本などの先進国に進出し，巨大市場を開拓しようとの新しい流れや，産業分野においても上記の分野以外での進出も出てきている。

本章では，ベトナム地場企業の国際化を，対外国直接投資の観点から，また実際に他国の市場へどのように開拓・進出しているのか考察したい。具体的には，① 政府の政策とその方向性，② 過去の対外直接投資の推移，③ 最近のベトナム地場企業の海外進出の代表例，④ まとめの順で考察する。

第1節　ベトナム対外直接投資の政策とその方向性

1. 海外への「市場の開拓・発展・拡大」を重視するベトナム政府

政府は，ベトナム企業の対外国直接投資に関して政策と方向性を法規で定めている。具体的な関連法規は下記の通りとなっている。
(1) 2014年投資法
(2) 対外直接投資に関する2015年10月25日付け政府政令第83/2015/NĐ-CP号
(3) 対外投資の申請用書類のガイダンスである2015年10月23日付け計画投資省通達第09/2015/TT-BKHĐT号
(4) 外国為替法令の一部条項を改正・補足した2013年3月18日付国会常務委員会法令第06/2013/UBTVQH13号
(5) 2015年12月13日付け国会常任委員会外国為替法令第28/2005/PL-UBTVQH11号

2014年11月26日に施行されたベトナム投資法第5章「外国への投資活動」（第51条〜第66条）において，政府の方向性や条件・手続きなど具体的に規定している。ベトナム政府は，外国投資の方向性に関して，「市場の開拓・発展・拡大，商品・サービスの輸出，外貨獲得の拡大，先進技術の導入，管理能力の向上，国の経済・社会開発のための資源の補充を図る」と規定している（同法第51条）。

同法第51条にある海外への「市場の開拓・発展・拡大」に関して重視しており，具体的に2009年2月20日付けベトナムの対外国直接投資推進に関する提案を承認した首相決定第236/2009/QĐ-TTg号（首相決定236号）に規定している。首相決定236号によれば，今後外国への投資を推進する国・地域として，下記の国々を挙げている。
・ラオス・カンボジア，（ASEAN）域内諸国，ロシアなど
・ラテンアメリカ，東欧，アフリカなどの新興国

ラオス，カンボジア，ロシア，東欧は旧社会主義国として古くから友好関係があり，（ASAEAN）域内諸国は近隣の国々である。さらに，ラテンアメリカやアフリカなどの国は，経済や技術力が発展していない新興市場で徐々に参入したいと考えている。つまり，上記の国・地域の「市場の開拓・発展・拡大」，さらには自国の「商品・サービスの輸出」を通じてベトナムへの「外貨獲得の拡大」を図ることが目的と言える。その一方で，「国の経済・社会開発のための資源の補充を図る」ための投資も奨励している。

首相決定 236 号において奨励している業種は下記の通り規定されている。
・エネルギー，電力発電，天然資源開発，特に石油，ガス，その他の鉱物の探鉱と開発，および工業用作物プランテーション
・ベトナム国内で需要がある生産財

これは，ベトナムが必要としているエネルギー・資源・原材料などを外国にて生産し，輸入することを狙いとしている。例えば，ベトナムの国有石油ガス会社であるペトロベトナム（PVN）は，近い将来原油輸入国になることを予測して，海外での原油開発事業に参加している。

2. 政府による外貨管理

また，ベトナム企業が外国へ直接投資する際，政府は外貨を管理しようとしている。ベトナム企業が外国に拠点を設立する場合，所管官庁である計画投資省外国投資庁に投資登録証明書の発給を申請しなければならない。同省外国投資庁から同証明書が発給され，ベトナムから資本を銀行送金する場合，ベトナム国家銀行（中央銀行）で登録した資本金口座を通さなければならない（同法第 63 条）。

また，資本金の金額によって審査が必要な案件もある（同法第 54 条）。20 兆ドン（約 8 億 9,100 万ドル：2015 年 12 月末ベトコムバンクドル・ドン為替レート）以上，もしくは他にも特別なシステム・政策を適用する案件の場合，国会の決定が必要となる。銀行・保険・証券・マスメディア・放送・放映・通信分野で 4,000 億ドン（約 1,800 万ドル）以上，もしくは上記以外の分野で 8,000 億ドン（約 3,600 万ドル）以上の案件は，政府首相の決定となる。ベトナムの地場企業が外貨を外国へ移転させる金額が 200 億ドン（約 890 万ドル）

以上の場合，計画投資省は中央銀行に書面で意見を聴取することになっている（同法第58条）。

さらに，投資先の国・地域で利益やその他収入が発生した場合，資本金口座に6ヵ月以内に本国に送金しなければならない（同法第65条）。このように，未だに外貨準備が少ないベトナムにとって，中央銀行が管理する資本金口座を通させることで外貨の流れを把握したいものと思われる。

第2節　ベトナムの対外直接投資の推移

1．2007年以降に急増するベトナムの対外直接投資

計画投資省外国投資庁によると，地場企業の対外直接投資が始まったのは，1989年からで，2016年までの累計は，件数943件，金額196億7,000万米ドルとなっている（公約ベース）。毎年のベトナムの対外直接投資の推移を見た場合（グラフ参照），1990年代は投資規模が件数で10件未満，金額も30万ドル以下の小規模なものである。しかし，2000年代に入ると増加傾向となり，2007年に件数80件，金額9億7,800万米ドル，それ以降，単年で件数80～120件，また金額10～35億ドルで推移するようになり，大きく変化している。

2007年以降急速に投資が増加した理由として，池部・小林はWTO加盟により国有企業が対外国直接投資を拡大させたと分析している[3]。具体的には，これまで国有企業は航空，エネルギー，通信，金融，商品作物といった分野で独占的に権益を握っていたが，WTO加盟により，対外開放することで権益の独占が解消され，国有企業の海外進出を加速させたとしている。また事業活動において自ら責任を負うことが明確化された一方で，その事業の方向性を自主的に決定できる権利を持つ国有企業が，後発発展途上国のラオス・カンボジアに投資が向かったとしている。

実際に，関連法規においても投資金額の規制が改正されている。上記で説明した通り，ベトナムにおいては，企業が外国に拠点を設立する場合，計画投資省に申請することになっている。

1999年4月14日に公布されたベトナム企業の対外直接投資に関する施行細

則政府政令 22/1999/ND-CP 号（政令 22 号）では，国有企業，もしくは国有以外の企業で 100 万ドル以上の投資案件は許可が必要となる。上記に該当しない企業は登録のみである（同政令第 6 条 1.a）b））。政府首相の決定が必要な案件は，① 首相決定によって設立された企業，② 投資金額が 100 万ドル以上の国有企業である。その他の案件は，計画投資省大臣の決定が必要となる（政令 22 号第 9 条 1.2.）。

その後，2005 年に公布された投資法でのベトナムの対外直接投資に関する施行細則 2006 年 8 月 9 日付け政令 78/2006/ND-CP 号（政令 78 号）では上記の条件が緩和されている。まず，計画投資省の認可が，① 150 億ドン（約 93 万ドル：2006 年末ベトコムバンクのドル・ドン為替レート）未満は投資登録案件，② 150 億ドン以上の案件は投資登録審査案件となり審査のための書類提出が必要となる（政令 78 号第 11 条）。政府首相案件は，① 銀行，保険，金融，報道，ラジオ，テレビ，通信分野で国有企業が 1,500 億ドン（約 934 万ドル），他の経済セクターが 3,000 億ドン（約 1,869 万ドル）以上，② その他の分野で国有企業が 3,000 億ドン，他の経済セクターが 6,000 億ドン（約 3,731 万ドル）以上となっている（政令 78 号第 9 条）。

つまり，2006 年以降，政府首相の認可が必要な案件の金額が大きく引き上げられたことで，ベトナム企業，特に国有企業の海外への規制が緩和されたことになる。

加えて，政令 78 号が施行されて以降，ベトナム地場企業が「外国に投資し，また事業活動において自主的かつ自ら責任を負う権利を持ち，経営の自由の原則に反する不合理で不必要な規定を削減した」，と評価する意見もある[4]。これは，2005 年投資法で新しく規定した第 4 条「投資政策」が影響しているものと思われる。具体的には，「投資家は（中略）法律の規定に従って，投資・経営活動を自主的かつ自由に決めることができる（同法第 4 条 1.）」，「国家は，国内投資，外国投資を問わず，すべての経済セクターにおける投資家に対し公平で妥当な取り扱い」をすることを規定している。つまり，政府は企業が企業戦略として海外進出を決めた場合，干渉しないと言うことである。2007 年以降の対外直接投資の件数が増加したのも上記の規定が影響しているものと思われる。

図7-1 ベトナムの対外直接投資推移

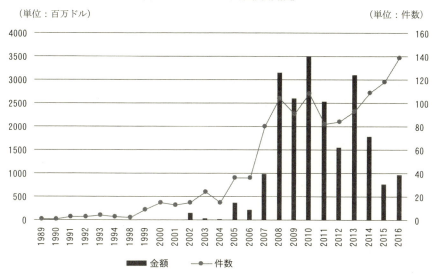

出所：ベトナム統計総局。

2. ラオスとカンボジアに集中するベトナムの対外直接投資

　ベトナムからの外国直接投資を国・地域別に2016年12月31日までの累計で見た場合，件数と金額ともにラオス，カンボジアへの投資が多いのが大きな特徴である。ラオスが194件，47億6,800万ドル，2位カンボジアが157件，34億8,400万ドルの順で，件数・金額ともに両国合わせると全体の約4割弱を占める。国有企業での大規模な投資以外では，食品加工，製造業，不動産サービス業など多岐にわたり，金額は小規模となっている。

　ラオスとカンボジアへの直接投資の特徴としては，まず，鉱業，農林水産業，情報通信，ガソリン小売業，金融などの産業の投資金額が大きいことが挙げられる[5]。これは，ラオスとカンボジアはベトナムの隣国であり昔から友好関係であることから，ベトナム人が多く居住しており投資しやすい環境にある。このため，国有企業以外の民間企業での投資も多くなっている。ラオスへの投資に関して，ベトナムからの代表的な投資案件としては，ベトナム大手国有通信企業であるベトテル（VIETTEL）グループ，住宅・商業建物などの不動産の開発事業を手掛けるホアン・アイン・ザーライ（HOANG ANH GIA

LAI)社（天然ゴム園や農園の栽培，空港建設案件）などがある[6]。他方で，学校，診療所，病院，道路，住宅の建設を通じて地域の社会治安に貢献していると言われる。

　投資金額の国・地域別では，ロシア，ラテンアメリカ，またアフリカ諸国などの後発発展途上国や新興国などが多い。つまり，政府が首相決定236号で推進している国・地域が多いと言える。他方で，件数別で，ラオスとカンボジアに次いで，米国への投資が多く見られる。米国に対する投資について，業種別では，主に卸売り・小売流通・車輌修理で，他には農林水産業と情報通信である。情報通信に関しては米国からのソフトウェアのオフショア開発の発注が多く，市場開拓のため進出するケースがある[7]。ベトナム戦争時に米国に逃れた家族や知り合いが少なくない南部の地場企業は，その伝手を利用し，米国で拠点設立を目指す傾向もある。

　さらに，業種別で見た場合，1位鉱業80億6,170万ドル，2位農林水産30億3,480万ドルと一次産業が上位で，全体比で56.4％と5割強を占めている。鉱業，農林水産の投資はラオス，カンボジアが多いと言える。件数別では1位卸売り・小売流通・車輌修理251件，2位製造113件，3位農林水産104件の順で約半分弱である。特に，1位の卸売り・小売り流通・車輌修理は，投資金

表7-1　ベトナム対外国直接投資　国・地域別（2016年12月31日までの累積金額）

（単位：百万USD）

No.	国・地域	件数	金額
1	ラオス	194	4,768.4
2	ロシア	13	2,831.3
3	カンボジア	163	2,730.4
4	ベネズエラ	2	1,825.1
5	ミャンマー	60	1,424.5
6	アルジェリア	1	1,261.5
7	ペルー	4	1,249.0
8	マレーシア	16	859.6
9	米国	133	491.7
10	タンザニア	4	356.3
	合計（その他含む）	943	19,669.7

出所：ベトナム統計総局。

表7-2 ベトナム対外国直接投資業種別累計 (2016年12月31日までの累積金額)

(単位:百万USD)

No.	業種	件数	金額
1	鉱業	56	8,061.7
2	農林水産	104	3,034.8
3	情報通信	73	2,600.8
4	電気,ガス,蒸気,空調用電源	8	1,483.7
5	製造	113	1,002.5
6	娯楽	4	1,001.4
7	不動産	30	780.1
8	金融・保険	21	687.7
9	卸売り・小売流通・車輌修理	251	338.7
10	専門・科学・技術	56	235.7
11	宿泊施設と飲食サービス	48	152.2
	合計(その他含む)	943	19,669.7

出所:ベトナム統計総局。

額も他の業種と比べて小規模で済むことから外国への進出もしやすいものと思われる。この他,情報通信は,金額別で第3位26億80万ドル,件数別で4位73件と上位である。情報通信は,下記で説明するベトテルグループの通信サービスでの進出もあるが,ソフトウェアオフショア開発での進出も多い。海外のオフショア開発は米国・欧州・日本向けでなどで,営業拠点として進出するケースもある。

第3節　最近のベトナム地場企業の海外進出の代表例

1. 途上国・新興国市場を開拓するベトテルグループ

ベトナムの対外直接投資は,2007年以降より急速に増加する傾向にあるのは,上記の通り,ベトナム政府による資本金の規制の緩和に加え,企業が自主的な戦略により他国に進出ができるようになったことがある。最近の地場企業の海外進出に関して,途上国・新興国だけでなく,欧米や日本の市場を重視する企業も出てきている。では,具体的に企業独自の戦略による海外進出がどの

ように行われているかを下記にて3つの例を挙げて考察したい。

1つ目は，自社の技術や商品を持つ企業が，主に発展途上国や新興国に売り込むことを目的で進出するケースである。代表的な例がベトテルグループである。同グループの設立年は1989年で国防省系の国有企業である。同グループの通信事業への参入は2000年と国内で4社目と，同分野では後発であった。しかし，低価格と通信のつながり易さで売り上げを伸ばし2017年で110億6,600万米ドル（前年比9.4％増）とベトナムでも有数の大企業となっている[8]。同グループは，他のグループ会社や海外拠点も合わせ，全体で7万名の従業員を抱えている。

同グループのウェブサイトによれば，企業戦略として，潜在能力のある海外の市場への進出を掲げている[9]。具体的に同グループは，海外へ10拠点もつ。

① カンボジア（操業開始2009年2月），
② ラオス（同2009年10月），
③ ハイチ（同2011年9月），
④ モザンピーク（同2012年5月），
⑤ 東チモール（同2013年6月），
⑥ ペルー（同2014年10月），
⑦ カメルーン（同2014年9月），
⑧ ブルンジ（同2015年5月），
⑨ タンザニア（同2015年10月），
⑩ ミャンマー（投資ライセンス取得2017年1月　投資規模は20米億ドル[10]）。

進出した海外拠点では，携帯通信事業での参入が主であるが，携帯電話やSIMカードも販売している。同グループの携帯通信の利用者は，ベトナムを含む11ヵ国で9,000万人である[11]。上記の同グループの海外戦略は，アジア大洋州，アフリカ，南米の情報通信が未発達の国・地域に進出・展開する。そうすることで，市場シェアを拡大させようと考えている。例えば，モザンピークでは「単機能の携帯電話と通信サービスのみの低価格・低料金でこれまで携帯電話を使ったことがない顧客を取り込む」ことを手法としている[12]。このことからも，同グループの海外進出は，上述の首相決定236号に則しているもの

第3節 最近のベトナム地場企業の海外進出の代表例 *173*

と言える。

2. 途上国・新興国＋欧米の市場を開拓するビナミルク社

2つ目は，自社の製品を持つ企業が，消費量の多い海外の市場に参入して，進出した国で製造・販売するケースである。代表的な例がベトナム大手乳製品製造会社のベトナム・デイリー・プロダクツ（ビナミルク，VINAMILK）である。同社は，1976年に国有企業として設立された。2003年に株式会社化され，2006年にホーチミン証券取引所に上場している。2017年時点で同社の外国人株主が59.79％である。年間の売り上げが2017年で51兆1,350億ドン（約22億5,600万ドル：2017年末ベトコムバンクドル・ドン為替レート，前年比8.9％増）[13]，従業員約6,613名である[14]。国内には3営業拠点，13工場，10酪農場を有する。また，各種類の乳製品250の製品を418の直販店，250,651の小売店舗，3,250のスーパーマーケットに販売している。同社は，2015年の乳製品の市場のシェアにおいて牛乳53％，ヨーグルトが84％，練乳が80％と乳製品業界のトップである。同グループのマイ・キエウ・リエン会長はフォーブズ誌の2012年「アジアで最も影響力のある女性実業家」の1人に選ばれている[15]。

同社の海外への関りは大きく2つに分けられる。1つ目は海外で製品が販売されていることである。2017年現在，46ヵ国・地域で同社の製品が販売されている。2つ目は，海外拠点として工場等を5ヵ所所有していることである。具体的には下記の国・地域である。

① ニュージーランド：ミラカ・リミテッド社に22.8％を出資（2015年7月，2011年8月当初は19.3％）[16]，
② ポーランド：100％子会社を設立（2014年5月）[17]，
③ 米国カリフォルニア州：米国企業のドリフトウッド デイリー社の株式70％取得（2014年12月）[18]，2016年に100％，
④ カンボジア：アンコールデイリープロダクツの株式51％を出資し（2016年3月生産開始）[19]，2017年100％，
⑤ タイ：駐在員事務所設立（2016年）

同社のニュージーランド工場は自社の乳製品を輸出，米国の工場は乳製品・

フルーツジュース・スナック菓子などを生産・国内外に販売している。同じくポーランド工場は，中東・欧州市場への自社製品の販売が狙いである。また，カンボジアはこれまで牛乳は全量輸入に頼っていたが，同社が工場を設立することにより，国内製造の牛乳と乳製品を供給するようになった。同社の海外への進出は，カンボジアのような途上国だけでなく，米国や欧州などの先進国へ進出している。また，今後の具体的な戦略として同社は，海外市場の拡大や売り上げの増加のために，自社100％での進出でなく他国の企業とのM&A（合併と買収）を優先するとしている。

この他にも，ビナミルクの競合先であるTHミルク社は，世界第2の牛乳輸入国であるロシアに注目し，市場開拓と獲得のために2016年に同国のモスクワとカルーガに牧場を含めた牛乳製造工場を建設することを決めている[20]。

3. 市場開拓＋顧客要請，日本を最も重視するするFPTソフトウェア社

3つ目が，企業が市場開拓，加えて顧客からの要請によって進出するケースである。ベトナムの大手ソフトウェア企業であるFPTソフトウェア社がその代表例である。同社は1999年に設立され，2017年の売上が2億7,358万米ドル（前年比31％増）[21]，従業員が2018年1月で1万3,000名である。国内拠点はハノイ（本社），ホーチミン，ダナン，カントーとなっている。主にソフトウェアのオフショア開発を行っており，ベトナムでは最大手と言われている。海外拠点は下記の通りである[22]。

(1) 日本：東京，静岡，名古屋，大阪，福岡，沖縄
(2) アメリカ：カリフォルニア，ニューヨーク，テキサス，オレゴン，ミネソタ
(3) ドイツ：フランクフルト，エッセン
(4) フランス：パリー
(5) スロバキア：コシツェ，
(6) 東南アジア：シンガポール，マレーシア，ミャンマー，フィリピン，インドネシア
(7) 東アジア：韓国，中国
(8) オーストラリア：シドニー

FPT ソフトウェア社の海外進出は，市場開拓もあるが，主に顧客の要請により進出している。同社において最も大きく海外展開しているのが，日本である。同社 100％出資の日本現地法人である FPT ソフトウェアジャパン社は，2005 年に設立され，従業員が約 921 名（2018 年 4 月時点。同社ウェブサイト）である。日本でのビジネスとしては，顧客開拓，ソフトウェア開発，エンジニア派遣などが中心である。日本企業の顧客は 200 社以上で，2017 年の売り上げは 3 兆 6,150 億ドン（1 億 5,960 万ドル：前年比 25％増）まさに急成長しており，FPT ソフトウェア社の売り上げの半分強を担っている[23]。このため本社である FPT ソフトウェア社の海外戦略において，日本は最も重要な市場の 1 つと捉えている。FPT ソフトウェア社は，2020 年の総売上げで 10 億ドルを目標にしており，その内 50％を日本市場と考えている。また，日本に進出を考えている地場ソフトウェア企業経営者の中には，FPT ソフトウェア社での勤務経験者もいる。こうした経営者は，同社に勤務している間に日本企業とのビジネスのノウハウを学んできたという。同社は，日本への進出モデルの 1 つを作ったと言える。

第 4 節　まとめ

　上記の進出代表例を考察した場合，ベトナム政府の外国投資の方向性である海外への「市場の開拓・発展・拡大」という点では，多くの国・地域に展開できていると言える。加えて，政府が推進する国・地域に関しては，欧米諸国や日本など規定された範囲以外にも拡がりつつある。また，奨励する業種以外での進出も多くなっている。ベトナム企業の格付け会社であるベトナムレポート社が毎年公表している「ベトナム企業トップ 500（VNR500）2016 年版」によると，ベトナム企業トップ 500 に選ばれた企業のうち，45％は 5 年以内に海外展開を考えている[24]。海外に展開を考えている企業の業種は鉱業／製造業とサービス業／商業となっており，市場の開拓が目的である。進出を検討している国・地域は，「アジア発展途上諸国」53％，「米国・NAFTA（カナダ・米国・メキシコ）」11％，「アジア先進諸国」6％，「アフリカ・中東諸国」「EU」

5％である。上記の結果は，比較的進出が容易な「アジア発展途上諸国」が過半を占めているが，「米国・NAFTA」や「アジア先進諸国」と関心も集まっている。これは，2006年以降の他国への外国直接投資の法規制の規制緩和やベトナム経済の成長が背景にあるものと思われる。今後，経済成長に伴い，企業収益が増加すれば，企業戦略として海外に進出する傾向が強くなるものと見られる。

　他方で，ベトナム地場企業の日本への進出に関しては，かなり小規模のものとなっている。ベトナム計画投資省外国投資局の統計によれば，ベトナムの対日本への外国直接投資は，2017年7月31日現在の累積（公約ベース）で49件，約750万ドルと，外国投資全体（1,258件，約214億ドル）に占める割合は小さい[25]。また，日本の国際収支ベースでみた2016年の対内直接投資でも，178万ドル（構成比0.01％）と極めて少ない。日本へ進出する主な業種は，情報通信，科学技術，卸売・小売・自動車とバイクの修理，観光・宿泊サービス・飲食店，製造業でサービス業が多い。中でも，ベトナムソフトウェア企業の日本への進出が多くなっている。上述の通り日本への進出の代表的な事例がFPTソフトウェア社である。日本への進出はオフショア開発の需要が引き続き多いことやIT産業の人材が不足していることから注目が集まっている。同省外国投資庁はベトナム企業へ対日本への投資でソフトウェア以外の有望分野として，① 人材力育成，医療サービス，公共ヘルスケア，② 工業製品，消費財のベトナムへの輸出，③ 日本での観光，ベトナム料理レストランのサービス，④ 高品質な農産物の生産・事業協力，を挙げている[26]。

　しかし，依然として所管官庁である同省外国投資庁の投資登録証明書や送金口座開設時の中央銀行の許可がおりるまでに時間がかかるなどの問題もある[27]。通常，同省外国投資庁に書類を申請してから15営業日でライセンスが発行される。だが，実際に，ライセンス発行は，3～6ヵ月くらいかかるケースもあると言われている 。このため，企業はまず投資する国に法人を設立した後，ベトナムで上記申請を行うケースがある。また，投資先国の国籍者に出資してもらい，許認可が取れた後で買収するケースもある。例えば，数年前に現地法人を設立したベトナム企業は，ベトナムでの許認可に時間がかかることを見越して，まず知り合い出資してもらい法人を設立する。その後，ベトナム

側で許認可を受け，同法人を買収する形をとり，ベトナムの銀行口座から送金している。また，ベトナムでの手続きが面倒であると感じた企業は，パートナーである外国企業に代わりに出資してもらうケースもある。今後，ベトナムから外国への投資を活発化させるためには，さらなる行政手続の円滑化・簡素化がポイントになるものと思われる。

（佐藤　進）

注
1　伊藤元重（2011）「7 直接投資と企業のグローバル展開」『ゼミナール国際経済入門』日本経済新聞出版社，441 頁。
2　池部亮・小林恵介（2016）「第 8 章 ベトナムの工業化とメコン諸国」前田啓一 池部亮 編『ベトナムの工業化と日本企業』』同友館，PP153-238 頁。
3　池部亮・小林恵介（2016）「第 8 章 ベトナムの工業化とメコン諸国」前田啓一 池部亮 編『ベトナムの工業化と日本企業」同友館，153-238 頁。
4　http://baocongthuong.com.vn/dau-tu-ra-nuoc-ngoai-be-phong-va-su-bung-no.html
5　3 と同じ。
6　2016 年 3 月 27 日に「ベトナムーラオス投資協力会議」がダナン市で開催され，ラオス政府側より言及があった。
7　FIA HP（2017/ 年 1/ 月 18 日付け記事）"Hoa Kỳ dẫn đầu về thị trường đầu tư ra nước ngoài của Việt Nam trong quý III năm 2015" < http://fia.mpi.gov.vn/tinbai/3994/Hoa-Ky-dan-dau-ve-thi-truong-dau-tu-ra-nuoc-ngoai-cua-Viet-Nam-trong-quy-III-nam-2015>
8　Ictnews（2017 年 12 月 30 日付け記事）"Năm 2017, Viettel đạt lợi nhuận gần 44.000 tỷ đồng" <http://ictnews.vn/kinh-doanh/nam-2017-viettel-dat-loi-nhuan-gan-44-000-ty-dong-163014.ict>
9　VIETTEL GROUP HP "Thương hiệu "<http://viettel.com.vn/vi/th%C6%B0%C6%A1ng-hi%E1%BB%87u>
10　Vneconomy（2017/ 年 1/ 月 16 日付け記事）" Viettel nhận giấy phép đầu tư 2 tỷ USD tại Myanmar" <http://vneconomy.vn/cuoc-song-so/viettel-nhan-giay-phep-dau-tu-2-ty-usd-tai-myanmar-20170116120153450.htm>
11　VIETTEL GROUP HP" Mạng lưới của Viettel" < http://viettel.com.vn/vi/our-network-vn>
12　富山篤（2015 年 7 月 4 日付け記事）「ベトナム携帯途上国開拓―ベトテル，アフリカなど 9 か国進出―」『日本経済新聞』。
13　VINAMILK ANNUAL REPORT 2017< https://vinamilk.com.vn/static/uploads/download_file/1522479729-0708cfa262a9ab92835032f945a7b91318c009581accbc1942febde5ba694e2d.pdf https://www.vinamilk.com.vn/static/uploads/bc_thuong_nien/1522315630-d7e8af3be5a01de3578c12bca7ba764e95bebf42a410db578623928987875a04.pdf>
14　VINAMILK HP<https://www.vinamilk.com.vn/>
15　富山篤（2015 年 4 月 3 日付け記事）「ビナミルク，世界へ一歩」『日本経済新聞』。
16　Vietnam Investment Review（2015/ 年 7/ 月 9 日付け記事）"Vinamilk raises stake in New Zealand's Miraka Company" < http://www.vir.com.vn/vinamilk-raises-stake-in-new-zealands-miraka-company.html >

17　Viet Nam News（2014/ 年 6 月 /4 日付け記事）," Vinamilk plans Polish subsidiary" "<http://vietnamnews.vn/economy/255745/vinamilk-plans-polish-subsidiary.html#YdH03bI4t1mjlBCR.97>
18　Vietnam Net（2016/ 年 5 月 /25 日付け記事），"'" Vinamilk has whole ownership of US milk firm, opens plant in Cambodia"" <http://english.vietnamnet.vn/fms/business/156967/vinamilk-has-whole-ownership-of-us-milk-firm--opens-plant-in-cambodia.html>
19　Vietnam Net（2016 年 5 月 25 日付け記事），"" Vinamilk has whole ownership of US milk firm, opens plant in Cambodia"" <http://english.vietnamnet.vn/fms/business/156967/vinamilk-has-whole-ownership-of-us-milk-firm--opens-plant-in-cambodia.html>
20　Báo Đầu Tư, (2017 年 1 月 12 日付け記事)," TH true MILK sẽ đầu tư dự án sữa tại Bashkortostan (LB Nga)" ,<http://baodautu.vn/th-true-milk-se-dau-tu-du-an-sua-tai-bashkortostan-lb-nga-d57463.html>
21　Viet Nam News (2016 年 1 月 9 日付け記事)," " FPT Software revenue jumps 31%"" < http://vietnamnews.vn/economy/280950/fpt-software-revenue-jumps-31.html#RMbSAK1K2StVotmV.97 >
22　FPT Software JAPAN HP< https://www.fpt-software.jp/company-information/company-fact-sheet/>
23　FPT Group HP（2018 年 5 月 31 日付け記事）" FPT chuyển đổi số cho hai doanh nghiệp 100 tuổi của Nhật Bản" < http://ictnews.vn/kinh-doanh/doanh-nghiep/fpt-nhat-ban-can-moc-100-trieu-usd-doanh-thu-145220.ichttps://fpt.com.vn/vi/tin-tuc/chi-tiet/fpt-chuyen-doi-so-cho-hai-doanh-nghiep-100-tuoi-cua-nhat-ban t>
24　VIETNAM REPORT RESEARCHERS (2016), "OBSTACLES AND CHALLEMGES OF DEVELOPMENT IN THE LAST DECADE: VNR500 LARGE ENTERPRISES' VIEWPOINT"", WHITE PAPER ANNUAL REPORT 2017-VIETNAMESE LARGE ENTERPRISES 10 YEARS JOURNEY: REMOVING BARRIERS TO DOING BUSINESS-, p83-84, VIETNAM REPORT JSC
25　佐藤進（2017 年）「北部企業を中心に目立つ東京など首都圏への進出―ソフトウエア企業で高まる日本拠点設立の動き(1)―」『通商弘報』ジェトロ。<https://www.jetro.go.jp/biznews/2017/09/0d238887ae9a3c0f.html>
26　2016 年 7 月 5 日ハノイにてジェトロ主催で開催された「対日ビジネスセミナー～ Doing Business with Japan ～」における計画投資省外国投資庁の講演資料。
27　佐藤進（2015）「ベトナム企業，対外投資はラオスとカンボジアが中心」『通商弘報』ジェトロ <https://www.jetro.go.jp/biznews/2015/08/140d1bad9655e574.html>

参考文献

伊藤元重（2011）「7 直接投資と企業のグローバル展開」『ゼミナール国際経済入門』日本経済新聞出版社。
池部亮・小林恵介（2016）「第 8 章 ベトナムの工業化とメコン諸国」前田啓一・池部亮 編『ベトナムの工業化と日本企業』同友館。

第8章

ベトナム経済を考える：現段階の課題と展望

要約

　ベトナム経済は，一層の工業化と資本・労働・土地市場の発展に伴い，8～9％以上の高度成長期を迎える可能性が高い。労働生産性が低い農業部門と自営業の雇用シェアがかなり高いからである。ベトナム経済が持続的に高めの成長を実現することで，低位中所得の罠を回避できる。

　しかし，持続的成長に向けて改善しなければならない課題は多くある。特に，外資系部門と国内企業部門との2重構造を是正することである。外資系企業の活動に対して現地企業の部品・中間財の供給が少なく，両者のリンケージが弱い。この状況を改善するために，国有企業の改革，民間企業の育成・発展を強化すると共に，外資系企業と国内企業との連携を促進しなければならない。

はじめに

　ベトナムは1986年に開始したドイモイ（刷新）政策により，市場経済へ移行し，対外開放政策を実現した。その結果，この30年間に経済が年平均6.5％成長し，2000年代末に貧困からの脱却，低位中所得レベルへの発展を果たした。その過程に工業化と共に地域経済・世界経済への統合が進展した。近年の経済も概ね順調に発展し，2016年と2017年の成長率がそれぞれ6.3％と6.6％を記録した。ベトナム経済の現段階の課題は何か。中長期の発展をどう展望すれば良いか。

現段階のベトナム経済は主な課題として 2 つを指摘できる。第 1 に，いわゆる中所得国の罠を回避し，新たなドイモイ政策としてどのような制度改革が必要かについてである。第 2 に，これまでの経済発展・工業化は外資に大きく依存し，しかも外資系部門と国内企業部門とのリンケージが弱かった。このような一種の 2 重構造をどう是正するかが今後の課題である。それぞれの課題の内容は何か，課題を解決するための戦略は何か，どう展望すればよいか。

第 1 節　中所得国の罠を回避するための成長戦略

　中所得国の罠とは 1 国の経済が貧困問題を解決し，中所得のレベルまで発展できたが，その後は停滞または低成長が続き，高所得への持続的発展ができない状態を示すことである。この開発問題について世界的研究が盛んになっている。しかし，中所得国の幅は広く，低位と高位に分けられるが，これまでの研究はそのような区別をしておらず，提起した処方箋（科学技術振興，高度人材の養成など）も高位中所得国だけにしか適用できない。世界銀行の分類では 2016 年の 1 人当たり国民総所得（GNI）が 1,026 ドルから 1 万 2,475 ドルまでが中所得で，その中で 4,035 ドル以下は低位中所得国である。ベトナムのような低位中所得国の場合，資本・労働の投入を中心とする要素投入型成長の余地がまだ残っているため，生産要素（資本，土地，労働）の効率的な利用が重要である[1]。ベトナムでは国有企業の優遇政策や複雑な許認可行政などが，資本や土地の効率的な利用の妨げになっている。要するに，資本・土地・労働の各要素市場の健全な発展によりそれぞれの資源が効率的に利用され，生産性が向上することで経済が持続的に成長していかなければならない。これらの要素市場の発展状況は特にこれまで冷遇されてきた民間企業の活動に影響を与えており，後述する第 2 課題の解決にも関連する。また，許認可行政の複雑性，政策の不透明性も要素市場の発展を妨げ，企業の行政コスト・取引コストを高め，投資環境が悪化するので，行政改革を促進しなければならない。

　幸い，2016 年 4 月に就任したフック首相が「建造と発展の政府」というスローガンを掲げて行政改革を積極的に推進してきている。その結果，ベトナム

の投資環境が好転している。世界銀行が各国の経営環境に関する状況を調査し，毎年発表している *Doing Business Survey* を見ると，2015年から2017年まで調査対象約190ヵ国の中で，ベトナムの順位は90位，82位，68位と着実に好転してきている。また，World Economic Forum が毎年発表している *Global Competitiveness Report* をみると，ベトナムの競争力の順位は2017−18年に137ヵ国中第55位で，前年の138ヵ国中第60位と比べてかなり改善した。

なお，市場経済への移行を促進するためだけでなく，財政赤字の改善，累積債務の返済のためにも国有企業の民営化を積極的に進めている。この方面の進展も要素市場の発展に良い影響を与えているはずである。

さて，中所得国の罠に関連するもう1つの課題は工業化の進展である。既述のようにドイモイ以降のベトナムの工業化は進展してきたが，人口ボーナスが活用できる期間において十分には進展していなかった。ベトナムの人口ボーナス期間は1970年代半ばから2020年代半ばまでであるが，図8-1が示しているように，この期間の日本や韓国などの経験と比べて，ベトナムの工業化がまだ低水準にある。また，近年，生産の工業化率（GDPに占める製造業の付加価値比率）が低下に転じ，経済のサービス化が進行している。未だ低位中所得の段階にある国として第3次産業と比べて生産性が高い工業部門の地位が相対的に低下することは，経済成長の鈍化をもたらしかねない。経済成長率の長期的鈍化が中所得国の罠をもたらす可能性があるのである。ベトナムは一層工業化の深化（裾野産業の育成など）と広範囲化（食品加工など，潜在力のある産業の発展促進）を図らなければならない。

理論的に考察したトラン（2016）が示したように，低位中所得国は労働過剰が特徴的である。ベトナムも表8-1に表されるように，農業部門が雇用全体に占める割合が40％以上と高い。また，表8-2が示しているように，自営業・個人事業を中心とするインフォーマルセクターがGDPの30％以上もある。このため，工業化の深化・広範囲化に伴ってそれらの生産性が低い労働を生産性の高い近代セクターへ移動させることによって，経済が急速に成長することが期待できる。ちなみに日本の高度成長期（1955−1973）が開始したころの経済構造も現段階のベトナムのそれに似通っていたのである。

図8-1 人口ボーナス期の工業化率

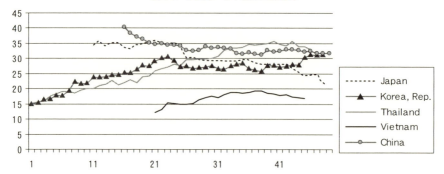

注：日本：1960-92、韓国：1965-2013、タイ：1968-2013、ベトナム：1985-2014、中国：1980-1010。
資料：World Bank, *World Development Indicators*.

表8-1 ベトナムの雇用労働の構成（%）

	2005	2010	2016
合計	100.0	100.0	100.0
農林水産	55.1	49.5	41.9
製造業	11.8	13.5	16.6
電力・建設など	5.2	6.8	7.7
科学・教育・芸術	3.5	4.3	4.7
行政など	4.2	3.6	3.7
生産関連サービス	14.5	15.2	16.9
個人サービス	4.9	6.4	8.1

出典：General Statistics Office（ベトナム）.

表8-2 ベトナムの所有形態別のGDP

	2010	2016
GDP	100.0	100.0
国有企業	29.3	28.8
非国有企業	43.0	42.6
集団所有	4.0	3.9
民間企業	6.9	8.2
自営業	32.1	30.4
FDI	15.2	18.6

出典：表8-1と同じ。

以上の分析から今後適切な発展戦略を推進することにより，一層の工業化と資本・労働・土地市場の発展に伴い，ベトナムは8～9％以上の高度成長期を迎える可能性が高いと思う。ベトナム経済が持続的に高めの成長を実現することで，低位中所得の罠を回避できるのである。

第2節　FDI主導型成長の課題と展望

現段階のもう1つの課題は，外資系部門と国内企業部門との2重構造を是正することである。

図8-2にあるように，ドイモイ後のベトナムは積極的に外資を導入し，2013年から新しいブームを示しており，経済発展過程におけるFDIの役割が大きい。GDPに占めるFDIのシェアは20％に近い（表8-2）。特に近年の工業生産の約半分，輸出の約70％も外資系企業が占めており，ベトナム経済は非常に高い外資依存である。しかも，外資系企業のほとんどは100％外国所有で，現地企業との合弁が非常に少ない。これまでのベトナム経済の発展は文字通りFDI主導型成長であったと言えよう。問題は，FDI主導型成長が持続的であるかどうか，つまり，FDI依存度の高いそのような経済が中所得の罠を回避し，高所得への発展を実現できるかどうかである（ベトナムの場合，低位中所得から高位中所得への発展ができるかどうかの問題）。

大野健一教授（Ohno 2009a, Ohno 2009b）は，途上国の産業（製造業）発展を4つの段階に分けてそれぞれの段階とFDIとの関係を論じている。第1段階はFDIが導入・吸収され，FDIの下でアパレルや履物の製造，あるいは家電などの組立のような単純な生産を行い，原材料や部品は輸入に依存する段階である。第2段階は，前段階の最終消費財の市場の拡大に伴って，中間財・部品の生産も誘発されるが，依然としてFDIへの依存が特徴的である。第3段階は，現地企業が技術や経営ノウハウをマスターし，工業製品の高品質化を図る。第2段階における現地化は，部品・中間財のような物的インプットであるのに対し，第3段階のそれは人的資源の高度化であり，それによって外資依存も低下していく。第4段階はプロダクトイノベーションで新製品を開発し，日

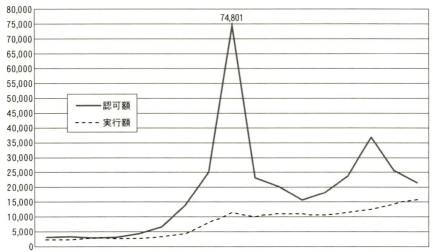

図 8-2 ベトナムの FDI 導入額（100 万ドル）

資料：ベトナム計画投資省。

本や欧米諸国のような先進国のレベルに達することができる。大野教授は第3段階への発展ができない国は中所得国の罠に嵌るとみている。その意味で第2と第3段階の間を見えざるガラス天井として突破できなければ高所得への発展が期待できないのである。ガラス天井を突破し，第3段階へ発展するために，工業発展のための人的資源の開発，裾野産業の育成，ロジスティクス（運輸，通信，流通などのネットワーク，税関・通関手続きなどのソフトインフラ）の整備が必要であるという。

　この分析の特徴は，途上国の工業化が最初の2段階にFDIへの依存，後の2段階にFDIからの独立という考え方である。また，その独立ができない国は中所得国の罠に嵌ることになる。しかし，ここではFDI自体の内容やその導入のありかたを論じていない。FDIの使い方によっては工業の人的資源の開発や裾野産業の育成も効率的・円滑的に実現できるのではないか。FDIの導入という先進国からの後発性利益の利用と共に人的資源開発などの自国の吸収能力の段階的整備が必要である。この考え方では，FDIへの依存を低下させていく過程は第3段階を待たず，第1段階から実現すべきである。

他方,第3段階以降に必ず FDI への依存を低下させていかなければならないだろうか。産業によって外資への依存は様々なレベルであっても良いではないか。現在の高所得国の間においても相互に FDI を導入し続けているし,政策として積極的に導入を促進している国もある。なお,トラン(1992)は途上国の産業発展の望ましい戦略として「経営資源でのキャッチアップ」という造語で産業ごとでの FDI (= 外国の経営資源)を国内の資源で代替していくことを勧めたのである。要点を述べるとこうである。すなわち,「産業の発展段階に応じて,発展途上国の多国籍企業に対する依存度はさまざまなレベルにあった方が効率的である。産業がまだ幼稚な段階では,なるべく多国籍企業の機能を最大限に活用し,(多国籍企業に対する依存度を高いレベルにし),産業の国際競争力過程を促進するが,その後自己の経営資源の蓄積を通じて多国籍企業に対する依存度を段階的に低下させていく,といった戦略が賢明であろう」[2]。この議論は外資による支配を回避しながらも外資を積極的に利用する戦略として展開されたので,ここでの文脈とは異なるが,類似な分析枠組みとしてここにも応用できる。つまり,経済の発展段階によって FDI への依存度を必ず変化させる必要はなく,産業ごとに FDI への依存度を低下させていくことが重要である。そのために国内の経営資源を蓄積しなければならない。吸収能力・社会能力が高く,しかもたえず強化していく必要があるのである。

　その点をさらに分析するために,まず FDI の受入国経済への効果を考えておこう。FDI は資本蓄積にも貢献するが,最も重要な効果は技術移転である。FDI を通じた技術移転はいくつかの種類・形態がある。1つ目は「企業内技術移転」で多国籍企業から(投資受入国にある)子会社への移転で,現地では外資系企業の内部問題であるので,ここでは分析の対象としない。2つ目は「企業間水平技術移転」で,多国籍企業の子会社から同一産業の現地企業への移転である。3つ目は「企業間垂直技術移転」で,多国籍企業の子会社から後方連関産業または前方連関産業の現地企業への移転である。

　「企業間水平移転」は同じ産業の現地企業に知識・ノウハウなどの波及を促進するので産業全体の国際競争力を強化する効果が期待できる。これまでの研究(トラン1992第3章など)はその移転のチャネルとして2つが存在すると指摘している。1つはデモ効果である。現地企業は外資系企業の活動を観察し

て技術やマーケティング手法などを模倣して生産性の改善などをすることができる。もう1つのチャネルは労働の離職に関する効果で，外資系企業で経験・ノウハウなどを蓄積した人材が現地企業に転職したり，独立して新会社を設立したりすることを通じて多国籍企業の技術が現地経済に波及することである。このような技術移転を規定する要因は何か。第1チャネルに関して外資系企業と現地企業が地理的に近く立地する場合，そのような移転の可能性は高くなるが，一部の輸出加工区のように外資系企業しか活動していない場合はそのような可能性が小さいであろう。第2チャネルに関しては潜在的起業家精神の豊富な国ほど労働離職による技術移転の効果が強いと考えられている。しかし，いずれにしても技術の「企業間水平移転」の把握は困難であり，実証研究がほとんど存在しない。

「企業間水平移転」と比べて「企業間垂直移転」は多くの産業に波及するので現地経済へのインパクトが大きいと考えられる。特に家電製品，自動車など各種機械を組み立てる外資系企業が後方連関効果を通じて現地の裾野産業の発展を誘発することができる。外資系企業の（組み立て）活動は通常2つのルートにより裾野産業の発展を促進・誘発する。1つ目のルートは，外資系企業が裾野産業の既存現地企業に部品などを発注し，生産性向上・コスト削減・品質改善のためのハード及びソフト技術を移転することで，外資系企業と現地企業とのリンケージ問題である。2つ目のルートは，部品市場の拡大に伴って組み立て分野の外資系企業が現地企業との新しい合弁会社を設立したり，外国部品企業が直接投資を行ったりすることによって部品生産が本格化することである。

さて，上記の分析結果を踏まえてFDIへの高い依存と持続的発展を両立するための条件をまとめよう[3]。すなわち，FDIを国民経済の中に組み入れ，飛び地のような隔離的存在にしないことである。例えば輸出加工区や工業団地にFDIだけでなく，国内企業の投資を促進していくことである。また，FDI導入を促進するだけでなく，同時に国内企業という民族資本も育成し，FDIとの前方・後方連関効果を受けやすいようにしなければならない。さらに産業ごとのFDIを自国の経営資源で代替していく努力（筆者のいう「経営資源でのキャッチアップ」）が重要である。これらの条件が満たされればFDIを通じた

技術の水平的企業間移転，垂直的企業間移転が促進され，技術・経営ノウハウが経済全体に波及（スピルオバー）して，経済が発展するのである。また，FDIが絶えず新しい産業への導入を図り，経済全体の構造・比較優位構造を高度化していけば国際競争力を維持し，経済成長が持続し，罠を回避できると考えられる。

　以上の点からみて現在のベトナムは改善しなければならない課題が多く存在する。つまり，外資系企業の活動に対して現地企業の部品・中間財の供給が少なく，両者のリンケージが弱い。この状況を改善するために，国有企業の改革，民間企業の育成・発展を強化すると共に，外資系企業と国内企業との連携を促進しなければならない。また，高度な技術を有する質の高い外資を優先し，その他の分野を国内企業に任せ，さらに外資100％よりも合弁形態を奨励するなど，外資導入政策を工夫して，不必要な外資依存を減らし，必要な外資の導入を促進するという戦略が望ましい。

おわりに

　現段階の第1課題の改革で国内企業が発展すれば，部品・中間財などの生産の拡大により第2課題の一部である外資系企業とのリンケージの強化を同時に図ることができる。ベトナムは過剰労働がまだ多く，外国からの資本・技術の導入という後発性の利益があるので，潜在成長力が高い。制度改革による要素市場の発展と外資導入の工夫がその潜在力を顕在化し，高度成長の実現が可能である。

（トラン・ヴァン・トゥ）

注
1　中所得国の罠のこのような意味・区別の理論的分析についてトラン（2016）を参照。また，その理論的視点を踏まえて分析したベトナムのケースについてトラン（2017）を参照。
2　トラン（1992），94-95頁，同書95頁の図3-2（外資依存度と経営資源でのキャッチアップ）と関連の説明も参照。
3　詳しくはトラン・苅込（2018）を参照。

引用文献

トラン・ヴァン・トウ（1992）『産業発展と多国籍企業』東洋経済新報社。
トラン・ヴァン・トウ（2016）「アジア新興国と中所得国の罠」『国際経済』第67巻，10月30日，69-103頁。
トラン・ヴァン・トウ（2017）「東アジアの移行経済」三重野・深川編著『現代東アジア経済論』ミネルヴァ書房，第10章，241-261頁。
トラン・ヴァン・トウ／苅込俊二（2018）『アジア経済と中所得国の罠』勁草書房，第4章（近刊）
Ohno Kenichi (2009a), The Middle Income Trap: Implications for Industrialization Strategies in East Asia and Africa, Tokyo: GRIPS Development Forum, GRIPS.
Ohno Kenichi (2009b), "Avoiding the Middle-Income Trap: Renovating Industrial Policy Formulation in Vietnam," *ASEAN Economic Bulletin*, Vol. 26, No. 1, pp. 25-43.

索　引

【欧文・数字】

2重構造　179, 180, 183
2030年に向けた，2045年へのビジョンを踏まえた国家工業発展政策に関する決議第23-NQ/TW号　54
ADB　62, 65
AEC（ASEAN経済共同体）　12
ASEAN経済共同体（AEC）　85
ASEAN財別貿易　5
ASEAN自由貿易地域（AFTA）　46
ASEAN物品貿易協定（ATIGA）　53
ASEAN貿易　1
ASW　66
BPO（ビジネスプロセスアウトソーシング）　47
CCA　67
CJグループ　69, 85-87
CLMV　46
DanaVTC　153
EUベトナムFTA　84
FDI主導型成長　183
FPTソフトウェア社　174
GMS　65
JETRO　141
JICA　141, 143
LG電子　81-82
Lilama社　152
NSW　66
SIDEC　155
THACO　134
THミルク社　174
Top Olympia School　149, 155, 157
TPP　83-84, 151
VCCI　142
VJCCハノイ　160
VNACCS　66
WTO加盟　167

【ア行】

アジア太平洋自由貿易圏［FTAAP］　52
海のアジア　34

【カ行】

海外への「市場の開拓・発展・拡大」　163
外国貿易大学（FTU）　144
外資導入法　38
改正投資法・企業法　51
科学技術省　136
韓国の脱中国　22
環太平洋パートナーシップ（TPP）　82, 91
環太平洋パートナーシップに関する包括的及び先進的な協定（CPTPP，通称：TPP11）　36
韓流　69, 79, 88
機械産業　135
企業間垂直移転　186
企業間垂直技術移転　185
企業間水平移転　186
企業間水平技術移転　185
企業内技術移転　185
技術実習生　45
ギソンでの石油精製プロジェクト　39
経営資源でのキャッチアップ　185-186
経済回廊　100, 104, 107-109, 131-132
経済統合　100, 101
現代自動車　88
高位中所得国　180
公的支援　134
後発性利益　184
国連工業開発機関（UNIDO）　142
コンピュータ数値制御（CNC）工作機械　152

【サ行】

財務省　141
サムスン電子　16, 75, 77, 80-81, 92-93, 95-96

産業人材育成　133
産業貿易省戦略産業研究所　134
産業貿易省の重工業局　136
首相決定236号　165
人口ボーナス　181
垂直的企業間移転　187
水平的企業間移転　187
裾野産業　133-134
政令22号　168
政令78号　168

【タ行】

第2タンロン工業団地　39
タイプラス1　44
脱中国　69, 75, 78
ダナン企業支援センター（DNCSE）　138
ダナン・クアンガイ高速道路　49
ダナン職業訓練カレッジ（DanaVTC）　147
ダナン日本商工会（JBAD）　39
ダナンポリテクニック大学　153
タントゥアン輸出加工区（SEZ）　38
タンロン工業団地　39
チャイナプラス1　44
中越間の陸上輸送　21
中古機械輸入規制　51
中国・ASEAN自由貿易協定　20
中国の貿易収支　31
中小企業支援開発センター（SME-DATADC）　139
中小企業振興センター（SMEPC）　141
中所得国　184
　──の罠　180-181
低位中所得　179
　──国　180-181
ティエンハイ工業団地　43
電子通関システム　56
テンフォン工業団地　42
ドイモイ　179, 181, 183
ドイモイ（刷新）政策　38
トラン・ヴァン・トゥ教授　44

【ナ行】

日本職業能力開発協会（JAVADA）　143
ニャッタン橋　49

ノイ工業大学　143
ノイバイ国際空港第2ターミナル新設　49
野村ハイフォン工業団地　38

【ハ行】

パーツ経済圏　38
パナソニック　145
ハノイ・ハイフォン高速道路　49
ハノイ・ラオカイ高速道路　41
東アジア包括的経済連携（RCEP）　36
ビナミルク社　173
フーハー工業団地　41
プン工業団地　159
米越国交正常化　38
米越通商協定　14, 39
ベトテル（VIETTEL）グループ　169, 171
ベトナム機械工業会　135
ベトナム商工会議所（VCCI）　141
ベトナムの対外直接投資　163
ベトナム日本人材協力センター・ハノイ（VJCC Ha Noi）　144
ベトナムによる世界貿易機関（WTO）加盟　39
ベトナムのASEAN加盟　38
ベトナムの貿易収支　30
ペトロベトナム（PVN）　166
ホアラックハイテクパーク　43
ホアン・アイン・ザーライ（HOANG ANH GIA LAI）社　169
ホーチミン市労働市場情報人材需要予測センター　137
ポスコ　160
ポスト・チャイナ　69, 75, 78, 95

【マ行】

ミャンマー日本人材開発センター　146

【ヤ行】

有機EL　56
輸送インフラ　100-102, 105

【ラ行】

ラックフェン国際港　49
リーマンショック　39

リーン生産方式　160
陸のアジア　35
ロッテ・グループ　69, 75, 85, 87-88

執筆者紹介 (執筆順)

編著者

トラン・ヴァン・トゥ　早稲田大学社会科学総合学術院教授(第8章)
大木博巳　国際貿易投資研究所 研究主幹(第1章)

執筆者

川田敦相　日本貿易振興機構(ジェトロ)海外調査部部長(第2章)
春日尚雄　都留文科大学教養学部教授(第3章)
百本和弘　日本貿易振興機構(ジェトロ)海外調査部主査(第4章)
藤村　学　青山学院大学経済学部教授(第5章)
高橋与志　広島大学大学院国際協力研究科准教授(第6章)
佐藤　進　日本貿易振興機構(ジェトロ)ハノイ事務所所員(第7章)

ASEANの新輸出大国ベトナム

2018年12月15日　第1版第1刷発行　　　　　検印省略

編著者	トラン・ヴァン・トゥ 大　木　博　巳 国際貿易投資研究所
発行者	前　野　　　隆
発行所	株式会社 文 眞 堂 東京都新宿区早稲田鶴巻町533 電　話　03 (3202) 8480 FAX　03 (3203) 2638 http://www.bunshin-do.co.jp 〒162-0041 振替00120-2-96437

製作・モリモト印刷
©2018
定価はカバー裏に表示してあります
ISBN978-4-8309-5015-5 C3033